中国近代人物日记丛书

廖一中 罗真容 整理

李興鋭日記

（增订本）

中华书局

图书在版编目(CIP)数据

李兴锐日记:增订本/廖一中,罗真容整理. —北京:中华书局,2015.1(2022.1重印)
(中国近代人物日记丛书)
ISBN 978 – 7 – 101 – 10542 – 1

Ⅰ.李⋯ Ⅱ.①廖⋯②罗⋯ Ⅲ.李兴锐(1827~1904)–日记 Ⅳ.K827 = 52

中国版本图书馆 CIP 数据核字(2014)第 253162 号

书　　名	李兴锐日记(增订本)
整 理 者	廖一中　罗真容
丛 书 名	中国近代人物日记丛书
责任编辑	张玉亮
出版发行	中华书局
	(北京市丰台区太平桥西里 38 号　100073)
	http://www.zhbc.com.cn
	E – mail:zhbc@ zhbc.com.cn
印　　刷	北京瑞古冠中印刷厂
版　　次	2015 年 1 月北京第 1 版
	2022 年 1 月北京第 2 次印刷
规　　格	开本/850×1168 毫米　1/32
	印张 8¾　插页 4　字数 200 千字
印　　数	2501 – 3500 册
国际书号	ISBN 978 – 7 – 101 – 10542 – 1
定　　价	48.00 元

初一阅居天津县署高卅午送吴馨甫回保定

赵小山约观剧马松圃约晚饭皆未往是日晴

初二早起拜司营府镇及寅好二十馀雪瑞行

恒云访都转留早饭申刻回寓玉龙絜胜园

观剧有盐山富商何慎斋起玉名废饭小

饮狗泵唉呐优名玉奎、粗荸年松公妞妮

气喝而善唱之黄席终同衆客玉其寓雪

苕嗳而散帰寓已亥刻矣营日阴大凡

治东镇十十

087360

李兴锐日记稿本

都中瑣記

承辦引見事宜吏部書辦直隸股經承養襄蓂號欽
江人住前門外糧食店掌廟胡同中間路北崇善堂
吏部苦班林文陞住果子巷肉羊肉草肉胡同干德堂

代羅謝　恩摺小軍機戶部主事李小軒名建簫湖北黃岡人
　　住崇陽正三條胡同路東柵欄肉路南　潤筆共廿四冊　要黃四冊

松竹高級棧店　前門外西河沿東柵欄　掌櫃荔堂名金寬　裝摺一本
仁昌金店　前門外西河沿東口路北　掌櫃領大高名經群　裝摺一本文元銀冊
西天賜繡花店　正陽門西荷包巷　掌櫃姓印潭　裝摺一本
天威佑永店　前門外瓜子店

李興銳日記中之雜記

李兴锐族谱

貴軍精悍整齊日早已聞知每之安作同舟共濟之想而來得見杭也尊來
諭高軍調去無不可但目下倚恃股肱已由江與玉山一帶竄近廣邊浙省
沈中丞調集各軍分道馳剿即駐卻門之維果苦昨亦調去其則以地現成
之兵不必淮調令出省此顯而易見乃且即以稟中堂暫亦不肯洽調
請俟江西肅清士攻杭緣巧士明日自當竭力圖之以副
諭囑此間軍務尚称平穩只要江西一股別早殲除故股不能上竄則金
陵杭均故慮馴賊不滅即散士功不難告成也愚之季冥發卯
台安不一愛業外侄□謹□□弟□附筆請安 二月初七日

李兴锐信稿

《中国近代人物日记丛书》出版说明

编辑出版《中国近代人物日记丛书》，旨在为学术界提供完备、可靠的基本资料。

日记体裁的特殊性，使其具有其他种类文献所不具备的史料价值。日记中的资料，有的为通行文献所不载，有的可与通行文献相互印证、补充，有的可以订正通行文献中的讹误。中国近代许多著名的历史人物都留有非常丰富的日记，较为著名的有晚清四大日记翁同龢《翁文恭公日记》、李慈铭《越缦堂日记》、王闿运《湘绮楼日记》、叶昌炽《缘督庐日记》等，都是具有较高史料价值、经常被学者征引的重要文献。

然而许多日记文献藏于图书馆、博物馆、研究机构或个人手中，学者访求不便。为此，系统发掘整理这类文献，是一项很有意义的工作。中华书局于二十世纪七十年代开始策划《中国近代人物日记丛书》，出版了多个品种，受到学术界的重视与好评，《翁同龢日记》、《郑孝胥日记》等至今仍是引用率较高的近代日记整理本。

新世纪以来，我们继承这一传统，加大近代人物日记的出版力度，试图通过进一步完善整理体例、新编更便利使用的索引、搜集更完备的附录资料等方式，使这套丛书发挥更大的作用，继续为学术研究贡献力量。

编好这套丛书，一定会遇到不少困难，但我们相信，在学术界、文博界和公私收藏机构与个人的大力支持下,这套有着悠久历史的基本文献丛书将会有更多更完备、精良的品种问世并传世。

中华书局编辑部

目　　录

编辑说明

  李兴锐(1827—1904),字勉林,湖南浏阳人,谥勤恪。太平天国起义后,随曾国藩办理湘军军需等事务。曾国藩督直后,李兴锐随之于1869年调直隶,次年调大名知府(未到任)。1871年调两江综办营务等事宜。1875年督办上海机器局达十年之久。1885年至1887年,与鸿胪寺卿邓承修勘定中越边界。寻被授为出使日本公使(未到任)。1889年至1891年,历任天津海关道、东海关道、天津道、长芦盐运使等职。1897年任福建按察使。1899年任广西布政使。1900年任江西巡抚。1903年署闽浙总督。1904年署两江总督,当年殁于住所。李兴锐起自湘军,与曾国藩以及李鸿章等湘、淮官僚集团关系极为密切,被认为是务实的官员。

  这部《李兴锐日记》所记史事比较具体、生动,涉及李兴锐亲身经历的政治、洋务、外交、军事、官场实况、社会状况以及个人的生活与交往,具有较高的史料价值。可惜的是我们收存的这部日记只有三个时期的手稿。分别简介如下:

  第一部分,同治九年正月初一至同治十一年十二月十六日(1870年1月31日至1873年1月14日),为期三年。其主要内容:一、具体记载了李兴锐办理直隶南部各州县的赈灾情况,诸如:赈灾局的组织与人员、赈款数目、受赈人数与地区、分配和散放办法等问题。而夹录在日记中的《禀稿畿南赈次》、《班车事宜》两种材料,记载具体,是第一手材料。因此,我们把它作为附录收入。

二、记载李兴锐参与曾国藩处理天津教案的实况,其中不少材料是颇为罕见的,如:李兴锐、陈兰彬等属员建议曾国藩起用彭玉麟等湘军老将以筹战守,曾国藩则"辨论敌情,以为各国不可猝灭,诸将不可常恃。且谓夷非匈奴、金、辽可比,天下后世必另有一段论断,将来有能制此敌者,然必内外一心,困心衡虑,未可轻率开衅……"又如:当时,"廷旨及总署信,催办凶甚急。译署意,又要速,又要实,又要多,又要机密。"再如:李兴锐参与修改天津府、县的"招供";曾国藩、李鸿章等为减轻府县的"罪责"的情况;曾国藩亲自审讯"罪犯"至深夜,而"众犯……仅有两人众供确凿,本人则尚未承认也",以及曾国藩当时的窘境,都有具体的记载。三、日记作者在办理两江营务时,对长江水师的窳败情况,亦有不少记载,如:象山、顺江等处炮台堤基"荡然无存";淞江营"舢板奇冷,灶无火";官员们对水师营制"各持一说"等等。四、日记对衙门的一些陈规陋习和腐败情况,记载也颇为具体,如:李兴锐自己办理"引见"时,吏部书办需索二百六十两银子,而"引见"后谢恩折,又需呈送小军机润笔费二十八两,送谢恩折也需馈送苏拉费用。又如:江苏巡抚丁日昌前来天津会办教案,当他抵达天津,微服直奔天津府衙门时,门者竟索"门包二十元,号包制钱五百枚",以致丁日昌愤慨已极,一意要将天津知府马松圃罢劾,等等。

第二部分,同治十三年二月初一至二十六日(1874年3月18日至4月12日)。这一部分记录了李兴锐勘视苏北及徐淮一带河工的情况,时间虽短,但对河工的过去和解决洪汛的看法,都有明确的记述。

第三部分,光绪十一年十月十五日至光绪十三年五月二十五日(1885年11月21日至1887年7月15日)。这一部分主要记载李兴锐与邓承修与法国勘定中越边界的情况。它虽然不如前两部分那样细致，但仍然有不少史实，以供参考，如：李兴锐与李秉衡等商议，"咸主界外数十里作为瓯脱，亦不得已之计"；"连接张香帅电信，意在力争北圻，广筹瓯脱"；李兴锐给曾国荃信，请求"保全刘永福"，等等。对于中法双方因划界而出现的矛盾和勘定路线及订立合约日期，也有具体的记载。

此外，这部日记对当时的物价、社会状况、会党起事、官员之间的关系、所历各地的物产风俗也有所记述。

《李兴锐日记》原稿存天津图书馆，共线装六册，其第七册为《禀稿畿南赈次》、《班车事宜》。另，《李兴锐行状》单独装订成册，夹于《李兴锐日记》函套之内，作者吕间。上述三件，一并附录，供了解李兴锐和当时赈灾、徭役情况的参考。

为便于阅读，我们在每日后加公历月日对照。改正原稿的错字，错用字（ ）括去，正字置于错字下并加〔 〕；增补脱漏字加〔 〕；衍文加（ ）括去。

整理工作是在天津图书馆、天津社会科学院历史所的组织领导下进行的。在点校过程中，得到卢英华先生的帮助，谨致谢意。

由于我们的水平有限，点校整理可能会有错误的地方，敬希批评指正。

编　者

同治九年庚午(1870年)

正　月

元　旦(1月31日)

寅初,浣沐,敬神,拜祖先。至万寿宫随班伺候。是日,官厅始复打恭不请安之礼。近五六年,统请安不分班次,非礼也。送曾爵相登舆后,司道府厅州县团拜。万寿宫露台下者百有馀人,出上院拜于二堂之上。以次诣藩、臬、道及史前臬,皆一拥登堂。午后,拜候补道及幕府,共十数家。归寓,饭后早寝。是日晴。辰刻,四槐树胡同赵寓失火。街警方作,已扑灭矣。

初二日(2月1日)

早,同幕府陈荔秋刑部谒爵相,禀承畿南赈务。大端略悉。惟散放钱数、次数未下断语,办邯郸委员未定何人。出,遍拜同寅,并赴教场拜丁乐山廉访寿昌、史光谱副戎济源。史留小饮。至彭纪南军门楚汉军中,不遇。是日阴晴,间霏雪花。有言广平绅士武卓堂刑部汝清,甚有乡望,大可劝办赈事,现掌教广平、磁州两书院。

初三日(2月2日)

写金陵、浏阳家信。傍晚,过恩云峰、联卓斋处饮。戌刻,奉爵相委办畿南赈札。是日阴,时霏雪花、毛雨。

初四日(2月3日)

早，偕王纶阶、唐伯岑至院司道禀辞。差人补拜同寅年。托清苑县代雇南行车辆。交好中知有远行，多来寓称送。有四川黄叟晴轩名启愚，隐士一流，议论尚不横滥，留谈颇久。是日阴，间有雨花。闻大名府境晚际雷电雨雹并作。

初五日（2月4日）

立春。晴明竟日。收拾行李，迎送宾客。亥刻，吴挚甫、马松圃来谈甚久。挚甫甚言松圃可办平粜。观其人似稳实而过于温柔。过作梅辞，嘱其门生查某慎出入。

初六日（2月5日）

辰刻，携记室周际文、仆三人，自保定开车。未几，并与陈荔秋、王纶阶、唐伯存会。共车九辆。食息同处。行六十里，至清苑之方顺桥，尖。又六十里，至望都之清风店，宿。是日早晴晏阴，灯时雪不及一寸。

初七日（2月6日）

未明即行。六十里，至定州之明月店，尖。又七十里，至新乐之富城驿，宿。清风、明月一带，楚舞吴歌，粉白黛绿。求男风气与刘智庙、景州、安肃同。皆南北往来孔道，有少年子弟出游者，父兄当严切诫之。初七以后甚寒，早行宵止。同人皆能耐苦，非耐苦亦不堪办赈也。是日晨后雪约一寸。

初八日（2月7日）

五十五里至正定之十里铺，尖。又六十五里至栾城县，宿。是日晴。

初九日（2月8日）

四十五里至赵州大石桥，尖。又五十五里至柏乡县，宿。石桥玲珑坚固，闻系元时仙迹，碑亦模糊不可辨矣。是日晴。

初十日（2 月 9 日）

六十里至内丘县，尖。又六十五里至顺德府，宿。是日晴。自柏乡至顺德，得雪较厚，土人以为四指。

十一日（2 月 10 日）

六十里至沙河之打莲店，尖。又六十里至广平府，宿。郡守长子明启、邑令钱伯敏来拜。略谈赈事。长嘿而钱辨，吏材之各得其秘者。钱令东道甚殷，馆舍酒食俱备。饭后答拜，惟长不遇。是日晴。

十二日（2 月 11 日）

六十里至广平县，尖。又六十里至大名府，卸车寓西街赵家店。钱调甫观察遣送炭腊，受之。邀往署中，固辞。

十三日（2 月 12 日）

早，同荔秋、纶阶、伯存拜钱观察，商议赈事。留署早餐。以次拜大名陈绛萱署守崇砥及同知两县一镇。县中送酒席，未受。是日阴。

十四日（2 月 13 日）

答拜诸客。过钱观察，谈定议：荔秋、伯存合办广平县，纶阶办成安县，余自办肥乡县。请钱拟立公共条规。以余细观，各府县之论赈务者，意见不一，似不免一私字，是在钱公力持其平。一路冒风，便血旧症复发。是日阴。赵惠甫自磁州来。

十五日（2 月 14 日）

拟禀中堂稿，砚冰不释，半日始草就。申刻，过钱署宴。是日阴，大北风。

十六日（2 月 15 日）

请纶阶、伯存先过广平。余与荔秋留，俟条款酌定。是日晴。

十七日（2 月 16 日）

早,出城。钱观察与郡守、县令、同知走送城外,马学孟队伍尚整,此人殆可用。六十里至广平县。县令吴良甫朝彦来见,君子人也,论赈事亦不苟。是日晴。据称:广邑百有八村,极贫约计万有七八千口,壮丁不在其内。

十八日（2 月 17 日）

住广平。晴。

十九日（2 月 18 日）

见绅士七人,谕以帮办赈事。午后启程。戌刻至成安县,四十五里。县令王子范德炳殷勤甚,至论赈则偏。据称:成邑百有二十馀村,贫口不下三万。灾轻之县,何至如此! 是日晴。

二十日（2 月 19 日）

见教谕詹桂、训导杨步云、绅士三人,皆觉安详可用。是日晴。

二十一日（2 月 20 日）

三十里至肥乡。县代令王寿人凤翔来见。年富勤(愤)〔奋〕。据说:三百二十村灾歉独重,贫口约计二万五千。嘱其选举绅士。又见教谕赵文濂、训导刘枫林、府委训导高海风、典史许导江。是日晴。

二十二日（2 月 21 日）

见绅士十三人。答拜县、学、尉及绅士、怀柔训导张梦星。是日晴。

二十三日（2 月 22 日）

派赵文濂查东乡户口,刘枫林南,高海风西,许导江北,典史钟泰城厢,辅以绅士,给以底册。午后,送陈荔秋返广平县。晚间办禀,鸡鸣乃寝。是日晴。

二十四日(2月23日)

写大名、广平、成安、邯郸各处信,竟日乃毕。是日晴。便血稍轻。周际文自广平来。文生胡文清入局。

二十五日(2月24日)

许导江、李占魁自北乡查户回。

六七十村二日半查毕,仅有补遗,更无扣滥,殊不信心。新任肥乡张葆初,名守元,人甚安稳。灯后,高琴舫海风、张怀金梦星自西路还,仍促其去。是日晴。

二十六日(2月25日)

催许导江查算北路贫口总数。拜张新令、王旧令。王旧令晚间来,催其入局办事。是日晴。

二十七日(2月26日)

自核北乡册簿,拉许导江、李占魁参证。晚间,寿人、葆初、光陛俱来。议定明日在清漳书院设立公所,派书派十人造册,寿人诸人督之。午后,有东路临河堡、清漳堡文生梁姓、武姓四人持禀来谒,求为补报村灾,许为商会县令。此事由前任庄故令颟顸,然庄已死,不忍自我准灾而令庄令被议。设法开脱,是在新任。是日晴。

二十八日(2月27日)

刘光陛查毕南乡户口回,偕三绅来。午后,核城关册,至三更未能竟。是日晴。

二十九日(2月28日)

午刻,核城关册毕,发局照抄。犹恐中多不实不尽,拟派县委再仔细查一遍,以杜乡人口实。赵礼门查毕东乡户口回,高琴舫查毕西乡户口回,即催令局员赶紧成造。钱苕甫廉访遣使送酒、腿各物至。主谊不可谓不殷勤。是日晴。

三十日（3月1日）

邀张葆初、王寿人商请二万五千赈钱造册，不可过于悬殊。谈两时之久。是日，王纶阶始自成安专械禀事，尚觉筹办周妥，详函复之。下午，送书院办赈册各委员一筵。夜作调甫、荔秋信，三漏乃毕。是日晴。自元旦应酬，以至出省办赈，是月竟无一日闲暇。月中稍病，今亦愈矣。

二　月

初一日（3月2日）

张葆初来。清漳书院山长赵宝斋来，戊辰进士，常熟人，年三十三。意致闲雅，是久居北方，不骛浮夸者。所论教士专尚身心性命之学，劝人读经济之书，最得要领。饭后，答拜宝斋。顺至书院问造册何等。下午，作崇宫保、卢方伯禀，自行缮楷，戌刻乃发。是日阴。

初二日（3月3日）

绅士张廷昭字搢笏来见，结实可靠。拜张葆初大令。作邯郸及幕府信。是日晴。

初三日（3月4日）

请绅士十数人晚饭，酌。复查户口，事多畏难。畏难却无益，当不相强。作中堂禀，未竟。入夜，觉疲乏，早寝。是日晴。

初四日（3月5日）

作禀四条毕。谕众绅细核赈册。广平府训导高琴舫复来，尚有信实。是日阴晴。

初五日（3月6日）

作大名、广平信。刘光陛、张葆初、王寿人，以禀稿四条示之。申刻，赴张葆初饮。是日晴。

初六日（3月7日）

王纶阶自成安来，商该县赈事。留住寓中，以备细谈。作大名府陈绎萱信。作金陵家信、善征信。是日晴。

初七日（3月8日）

纶阶去。邀张葆初、王寿人、刘光陛酌。议按乡分赈，乃传四乡绅士来。派予东乡制钱五千七百串，南乡六千串，西乡六千六百串，北乡五千五百串，城关一千二百串。令各公平核入其乡之极贫者。又为张葆初筹四乡雇车之法。诸绅领命。客去，作书致钱调甫，请多拨肥钱三千串。午后过书院。雇车之法：每乡二十五辆，辆给喂养饭食大钱五串。三日往返大名，各装制钱二百五十串，限十三日雇齐。是日晴。

初八日（3月9日）

晴。

初九日（3月10日）

晴。

初十日（3月11日）

广平太守长子明来商肥邑未准报灾十一村求赈一事。十一村者，东路：贾寨、南庄、临河堡、东清漳、西清漳；南路：西李堡；北路：柴家庄、崇明寨、水寨、黄杨家庄、姚家庄也。余意明请缓征，暗分赈济为顺。子明恐藩司驳斥，不如暂行悬搁，但嘱县令不催此钱粮，亦弥缝之一法。午后，旋有北路柴庄五村具禀求赈。谕俟缓缓酌办。晚间，张令、王令来商赈务。客去，作散赈数条。是日阴。

十一日（3月12日）

邯郸代令钱同甫庆培来见。该县抽定贫口八千八百有奇，视永、肥、广、成各属独少，恐不免遗漏。即以可补即补之意，械嘱承办王牧晴岚名昆崖。午后，走视市集，已将散。至城隍、关帝庙相赈地。关庙有三门，较易安置入出。是日阴。夜四更雪约二寸。

十二日（3月13日）

刘训导光陛、张葆初来。刘专言派绅赴大名领钱事，张言拨经费，许为致信调甫。夜过书院，谈至二更后乃归。是日辰刻霏雪花，晏晴。成安王纶阶来信，亦得雪寸馀。

十三日（3月14日）

东乡焦寨、于王庄，南乡北屯庄、三里堤四处妇女二十馀人来寓求赈。门者不能禁。绅士乔日章等亦不堪解散。不得已请县令至，嘱其传集该村男子之匿身外院者，至署问明某村某家妇，何以不候榜示，故意混搅，将该户一并扣赈惩刁。所以保良不得不尔。张令将男子责二十，似又操之太蹙也。山长赵宝斋来，谈及粮价宜禁陡涨，以便赈户一层，所见极是。晚间，代县令拟告示一纸，皆顺情顺理之言。是日晴。

十四日（3月15日）

张葆初、王寿人教佐及绅士俱来议发票、放钱诸事。一一分派允妥，并令绅士联保。各村绅保开单具状。嘱王寿人等核未准灾之十一村中贫民若干，及写户票、村榜等事。作调甫、伯存信，略及粮价。夜，作中堂禀。是日晴。

十五日（3月16日）

早，浣沐，祀神明、祖先。缮发中堂禀牍。午后，荔秋至自广平。申刻，邀张令守元、王令凤翔、高训导海风、刘训导枫林、许典史导江饭。是日晴。接金陵家信，堂上以次平安。至慰，至慰！

十六日(3月17日)

荔秋早饭后往邯郸，余事冗不得与俱。竟日作大名、广平、成安各信。并抄寄禀牍、告示稿，戌刻方发。成安王令德炳，老奸巨滑，玩视赈务，此缄颇有狞狰语。是日晴。

十七日(3月18日)

请绅士张廷昭、吕文翰、郭庆云来，商及绅务。嘱其各抒所见，拟议条款备用。拜张葆初、王寿人，为赈事粮价恐贵，不便贫民，嘱其访查屯户，设法办理。傍晚，张葆初来，尚无所见。张为人颇好，但不任事，外县中之又次者，景况亦甚苦矣。帮写赈票数十张。是日晴。

十八日(3月19日)

荔秋自邯郸还。彼处赈务尚未安排，一切由于钱令庆培私心自用，带册上道，近旬不返。钱令本小人，但不料此等民命攸关之事，亦敢玩弄如此。乃作书致长子明太守，及早督率。万一邯郸稍不如法，余亦有愧矣！夜与荔秋谈至二更。乃作金陵家信及王少岩信。鸡鸣始寝。是日晴。单派委员：高海风、许导江，绅士张廷昭、乔日章，明日对册。

十九日(3月20日)

送荔秋起身回广平后，至书院看官绅对册。归作老湘贡刘毅斋京卿信、陈作梅信、邓良甫信。是日晴。

二十日(3月21日)

清早赴邯郸查问赈务，尚能认真办理。

晴岚等谈炊许，即行。酉刻回寓。一路荒土，旱风猛甚，心窃忧之。拟明早谒关庙、城隍庙求雨。拟默祝大略云：窃以畿南郡县,去年旱灾太甚,四境荒土,民不聊生。○○现奉上宪派委,办理赈济,驻扎肥乡。节过春分,尚无雨泽,狂风作旱,民心惊惶。用敢叩祷神恩,哀怜民命,大需甘霖,俾得布种秋粮,稍延残喘。畿南职守图治,全赖丰年。宜自损寿年福泽,为民请命。以二月二十一日起斋戒,在寓中朝夕焚香拜祷,伏乞神明昭鉴云云。是日晴。

二十一日(3月22日)

早,焚香默祝一次。过书院看对册填榜。作广平府、邯郸县、成安、广平各局信。亥刻,焚香默祷一次。即寝。是日晴。

二十二日(3月23日)

未明起,焚香祷雨一次。往成安查问赈事,下午返。戌刻,焚香祷雨一次。夜,作江西吉水县知县陈石逸信,勖其为官。是日晴。

二十三日(3月24日)

未明起,焚香祷雨一次。饭后过书院,又过赵宝斋谈。作信三缄。戌刻,焚香祷雨一次。近三日暖,百虫出蛰。夜卧为臭虫所扰。是日晴。

二十四日(3月25日)

卯刻,祷雨一次。陈绎萱署守以议粜邀赴大名,辞之。荔秋以钱信商行止,亦辞之。戌刻,祷雨一次。是日晴,大东北风,尘土障天,可异之至!

二十五日(3月26日)

卯刻,祷雨一次。邀王寿人、高、许两委员来寓,校对册票村榜。以周际文、胡竹泉两友为助。号牧令书、医书各一部。下午,持对过赈票加小章。张葆初来。戌刻,祷雨一次。是日晴,大风。

二十六日(3月27日)

卯刻,祷雨一次。竟日加票章。夜,作荔秋信。戌刻,祷雨一次。是日早起即阴,风略小。申刻小雨,未及一指。

二十七日(3月28日)

卯刻,祷雨一次。竟日办赈票。戌刻,祷雨一次。申刻霏雪,旋止。夜霏雪,合不及寸。

二十八日(3月29日)

卯刻,祷雨一次。竟日办赈票。戌刻,祷雨一次。复荔秋信,言枲事。是日早阴,巳刻晴,下午又阴。

二十九日(3月30日)

卯刻,祷雨一次。订西乡票。下午,栉沐。戌刻,祷雨一次。自未刻起,雨雪颇大。是晚订册至四更方睡。雪犹未止。

三十日(3月31日)

卯刻,焚香祀神。视雪可六七寸,可种秋粮。竟日看北乡票。

三 月

初一日(4月1日)

早起,熏沐祀神明、祖先,再谢雪泽。又拜谒关庙、城隍庙谢雪。早饭茹常食。订城关票。申刻,大雪至夜半。得此,农事乃普种矣。

初二日(4月2日)

早起,视雪约六寸。遣人四乡探视,两次抵雨六七寸,沙土胶泥皆透。肥之东北多胶泥地,畏旱尤甚,而地势高亢,不可凿井,非雨则无救旱之法。计惟多树桑株果木,亦足备荒。王纶阶来商户口,旋回成安。署肥乡教谕祝寿仁来见。随即答拜,并至县署、书院。作中堂禀,戌刻排递。

初三日(4月3日)

以禀稿函寄荔秋。核城乡票钱毕。请款尚有盈馀,将以补给漏户。张葆初来,为邯郸请示放钱散票之法,一一告之。夜,作调甫廉访信。是日阴晴。

初四日(4月4日)

王寿人、高琴舫持补赈漏户册请定。翻阅一过,还令写票。拟村榜尾后罚扣冒赈告示。嘱县中饬承缮写。是日始开读牧令书,尽持家编十六叶,皆以朱点。夜,作成安王令、钱调甫廉访、陈荔秋比部信。

初五日(4月5日)

作安庆彭笛仙,大通毛钖九、松秀峰,并寅生于石生,幕府邓良甫各处信。张令、王令来商大名领钱事。为派定绅董、勇丁及分起开车之期。夜,作成安信,告以村榜添查冒滥一层。是日晴。

初六日(4月6日)

早,过书院,集绅士、训导张廷昭、贡生乔日章、孙建业,谕令往大名领运赈钱二万八千串。共用大车一百一十二辆,分初八、初九两天起程。又面定发给赈票日期,十二起,十五止。又分定放钱日期,十六起,二十六止。东〔乡〕、南〔乡〕各三天,北乡搭城关三天,西乡两天。归寓,开分期清单,交县办理传单。下午,至县,至书院。夜,阅东乡村榜。是日晴。

初七日(4月7日)

竟日阅村榜,错误尚多。夜,订补遗票。此等事本极烦琐,浮躁人每每以忽而误,故不得〔不〕事事过手,尽心之一端也。是日晴,夜阴,大北风。

初八日（4月8日）

竟日阅村榜，至夜乃毕。接金陵家信，平安可喜。是日晴。

初九日（4月9日）

早，作陈荔秋、吴令朝彦两信。晏，理乡村票数、钱数，及村董姓名总览，以备发票时各照此慎具保领状。至夜，成四城关、东乡两本。是日阴晴。

初十日（4月10日）

理西、南、北三乡总览，三更毕。鸡鸣方寝。先拟赈务毕，就便回金陵一省，函商恩云峰太守，以为未可。若求中堂派一金陵差事，则可假公济私，余意又万不可，且缓图之。是日阴晴。

十一日（4月11日）

督同王令凤翔等员及友人周、胡四子核对户口，余亦填写核算。此次诸凡非以身率，几于孤掌难鸣。故凡办大事，最患牵掣，有主客之迹，则牵掣矣！约张令商村董川资及明日当场给钱票事。是日晴。

十二日（4月12日）

早，绅士张廷昭、孙建业自大名解钱一万四千串到。即令众绅帮同查收。委王令凤翔会同张令当堂发东乡榜票。旋有以空名钱票缴回者，此邦之人，尚不为诈。竟日理票校册十之八九矣。畇黄信来，湘乡土匪起事，浏阳、湘潭亦有动机。值此粮价昂贵，富多不仁，与刁民借端口实，良可浩叹！是日晴。

十三日（4月13日）

绅士乔日章、武九能领到二起赈钱一万四千串。傍晚，赵宝斋来。灯下，张令、刘训导来。是日晴。

十四日（4月14日）

过张令及关庙赈厂。作荔秋信。闻广邑聚众求赈,喧闹数日,殊深焦虑。此间村庄亦有向村董滋索者,尚不至公然聚闹,是由民风稍厚,非余有以取信于民也。是日晴。

十五日(4月15日)

早起,祀神明、祖先。布置厂内放钱事宜。款官绅酒食。是日晴,下午大风。

十六日(4月16日)

未明即起。饭毕赴关庙开厂放钱。计赈票九百馀张,未刻放毕,一律安静。县中传到南乡彭固村棍徒张玘家,讯问情事相符,此人足为赈务刁唆之患。因嘱县中暂行羁押,以俟赈毕。下午,假寐。夜,过赈厂查问一切。是日阴,小雨,生芽有益。

十七日(4月17日)

弹发东乡三十四村赈钱,核数批条,颇觉劳顿。而呈缴冒滥禀求补赈之户络绎不绝。有禀诈村董不实不尽之东赵寨,细细问之,不无可疑,传唤对质。傍晚过关庙,预备明日发钱等事。是日晴。

十八日(4月18日)

早起,过厂放东乡二十四村赈钱,午初毕事。归寓。收昨日总放未缴票据。派府委许典史导江,明日赴东赵寨,代公正田万江散钱。嘱两学暂将田万江收管,俟查明赈钱有无侵吞。是日晴。

十九日(4月19日)

早起,过厂放南乡二十三村赈钱,午正毕。有支村舞弊,公正宋书印即令县中收押。许典史自东赵寨回,据查田万江吞赈十七千零,应即按律惩办,官绅皆以为当。余此次办理赈务,本期事事洪宽以存客道,无如此辈不良,故犯法纪,势不能优容,事事误公欺民也。是日早阴晏晴,西南风大作,竟日黄沙障天。

二十日（4月20日）

放南路二十二村赈，午刻毕。归寓，作禀上中堂，缄调甫、荔秋。批成安、广平禀牍。是日阴。

二十一日（4月21日）

在寓综放南乡二十八村，西乡十五村赈钱。午后始竣。荔秋刑部自广平来。是日晴。

二十二日（4月22日）

过局。放西路三十五村赈钱，未初毕。分派每乡绅士一人，明日核补遗册。夜，自核东漳堡等十一村赈册。子初寝。是日晴，风。荔秋过成安，似乎过举。

二十三日（4月23日）

放西乡三十四村赈钱，午初毕。广平府长子明至，为尽主谊。余恐其轻受求赈之禀，搅扰定局，嘱王寿人、高琴舫微示其意。午后，答拜子明。夜，核北乡补赈册。是日晴。

二十四日（4月24日）

放北乡三十五村赈钱，长子明亦至厂，午初毕。归寓，适唐伯存自广平来。饭后醋睡。夜，核北路册。是日阴，大北风。

二十五日（4月25日）

放城关十处赈钱，辰刻毕。归寓。饭后醋寝。近三日颇觉困乏。夜，与伯存久谈。是日晴。

二十六日（4月26日）

放北路三十五村赈钱，午初毕。告张令，自今日起，不收求赈禀词。荔秋自成安还。是日晴。

二十七日（4月27日）

以馀钱千三百串，分派四乡四城关。令绅士各按其乡元册加八极贫村户。午后，书楹联五首。夜，看补赈十一村钱票。纶阶自成安来。是日晴。

二十八日（4月28日）

发未准灾十一村榜票钱文。作金陵家信、善征、莴斋、少岩信。成安委员三人来。是日晴，傍晚小雨数点。

二十九日（4月29日）

作浏阳家信、昀黄信。开单传四乡村董领补遗钱。引葆初、王晴岚来。是日晴。

三十日（4月30日）

晴。

四　月

初一日（5月1日）

早起，祀神明、祖先。自理补赈城乡票，三更方毕。是日晴，大风。宋李文靖公墓在肥城西隅，围垣坍塌，耕者犁锄渐渐及墓，荔秋慨然倡修，余赞成之，委训导刘枫林董其事。

初二日（5月2日）

补放赈钱二千三百馀串，尚有无厌之求，亦事有必至。核办报销折。金陵寓中专弁饶楚昌来，平安可喜。是日阴。

初三日（5月3日）

作调甫信、中堂禀报赈毕归也。书楹联十数首，泛泛应酬，不得不尔。是日晴。

初四日（5月4日）

束装。午刻遍辞启程，印委及众绅士钱送北关之外，情致可念。申刻抵广平府，先拜守令，而后入舍馆。太守长子明、邑令钱修伯及候补诸人皆至。令为备餐，受之未却。是日晴，大风。

初五日（5月5日）

巳刻，与荔秋、伯存、纶阶赴守令莲亭之招。亭为昔之荷华馆，今改为讲院。滏河不波，荷柳耸翠，致觉心旷。归寓，趣装行，抵邯郸之搭连店，宿。行六十里。是日晴。

初六日（5月6日）

行六十里，至顺德府南关，尖。邢台令供亿甚周，概辞不受。又六十里至内丘县，宿。县亦办差，辞谢如邢台。

初七日（5月7日）

六十里至柏乡县，尖。酉刻，途次，西北风大至，天地异色，尘沙障空，人马惊悸。戌刻，住大石桥。五十五里去赵州五里。是日上午晴，下午阴。

初八日（5月8日）

行四十五里，至栾城县，尖。路遇李佛生回湖北原籍，车马甚多。又六十里至十里铺，宿。去正定府十里。拟访谭遵高镇军，不果。是日阴，酉刻微雨。

初九日（5月9日）

绕入正定城，拜谭遵高，适祭坛不遇，遂行。六十里至富城驿，尖。又七十里过新乐县而定州之明月店，宿。是日阴晴。

初十日（5月10日）

六十里，过定州至清风店，尖。又六十里过望都县至方顺桥，宿。申刻阴云四布，大有雨意，忽狂风扫霁。三月以来，每每如此，不知何时可慰民望。晚间小雨，压灰土而已。

十一日（5月11日）

六十里至保定府。谒曾爵相，问答赈务甚周。退访幕府并至首府恩云峰处。午后，叶冠卿、恩云峰来。雷雨大作，大庆、大庆！

十二日（5 月 12 日）

谒藩、臬并候补道蒋、叶诸公。下午，至幕府畅谈，日夕方返。是日晴。

十三日（5 月 13 日）

秋审，早起值班，巳刻退。萧莲甫、邓良甫来。夜过云峰，久谈。是日晴。

十四日（5 月 14 日）

答拜数处。晋谒爵相，谈最久，尤殷殷于岁事、人材两端。是日晴，下午黄沙障天。

十五日（5 月 15 日）

早起，祀神明、祖先。理畿南赈务禀牍。申刻，赴城隍庙，随班迎水。予候补官不得预祈祷，斋戒致虔而已。是日晴。

十六日（5 月 16 日）

丑正，起赴雨坛伺候。中堂以疾未至，乃至内署问安。出至教场营次，答拜丁乐山廉访。归寓，寝。申刻，至雨坛。是日晴，下午大风，微云尽散，如何如何！

十七日（5 月 17 日）

早起，至雨坛。饭后，候史绳之廉访。申刻，至雨坛。是日晴。

十八日（5 月 18 日）

早起，至雨坛。饭后谒中堂，病状颇露，将有请假之疏。相公若决意引退，恐拂袖而去者，不独鲰生。未刻，出东门，迎钱调甫廉访。旋至雨坛。祈三日，毫无雨意，大不了事。调翁来寓，久谈。是日晴。

十九日（5月19日）

早，晋谒钱调甫廉访。办请咨引见禀。质之府署幕友徐君，外间多议清苑县李问渠贪酷，细细询之，皆属子虚。官场毁誉，毫无定评，不可以不谨。是日晴。

二十日（5月20日）

随同各官上院，调甫后至，中堂以疾不见。调甫廉访来寓，谈及赈务报销，余谓断不可照寻常，出入归藩署经理，令外县赔累房费、部费也。旋闻中堂允以简明请折入禀。果尔，此事始终核实矣。下午密云四布，雷电交作，忽而风起，数点即散。傍晚雷复作于东北方，亦只霏雨数点而已。节已小满，旱象已成，不特二麦无靠，恐秋粮亦将歉收。屡次好雨而风，亢燥万状，不知直隶何以上干天怒若此，可惧之至。是日上午晴，热极。

二十一日（5月21日）

起稍晏。竟日翻阅邸抄。迎见夏百初太守。子龄前往易州。李令丕智、黎竹龄，傍晚联卓斋、邓良甫来。闻首府、县定于今夜亲至一亩泉请水，设坛祈祷。而振轩廉访以早饭请客，改至下午迎水。俨然大位，此等事何亦荒唐如此。是日晴。

二十二日（5月22日）

调甫廉访来商赈务报销。余坚持简明入禀之说。旋晋谒中堂，病势稍轻，言貌爽豁，大慰、大慰。坐谈甚久始出。至关庙随班迎水。又至调甫廉访寓中，商报销事。拜客数人。是日半阴半晴。

二十三日（5月23日）

早起，至关庙雨坛。归寓，拟另设坛于私室，按纪慎斋先生先天八卦交穿方旗之法。邀唐伯存讲求一番，又托县署备办一切。下午，李问渠来。夜间，恩云峰来，皆告以祷期。是日晴。拟默祝词云：直隶兵燹之后，连年旱灾，民不堪命。现又节近芒种，尚无透雨，二麦枯槁，秋粮无靠。日日狂风作旱，正呼吸存亡之秋，用是斋戒结坛，供奉敕封佑济龙神人之位，敬谨祈祷。兴锐本省官守，休戚与民相关，惟有自损寿年福泽，为民请命，伏乞昭鉴，大沛甘霖，救全亿万生灵性命，不胜惶恐迫切之至。

二十四日（5月24日）

早起，与伯存结八卦方位坛毕。教道士、道童十人诵经交旗，下午略能通晓。沐浴后，恭书佑济龙神位，及设坛祝文。是日晴。未刻，李问渠来。酉刻，调甫廉访来。戌刻，陈荔秋、王纶阶来。

二十五日（5月25日）

早起，设位祷雨。竟日督率道〔士〕诵经交旗。中正，综行八遍。是日时晴时阴，风大尘起。傍晚，荔秋、挚甫、廉甫、聚卿来，二更始去。浣濯。拜祷一次。

二十六日（5月26日）

早起，焚香祷雨一次。陈作梅、方存之、恩云峰、李问渠以次入位拈香，皆有心民事者。竟日督率道士交旗诵经。与唐伯存、周际文行八遍。是日早起阴，小雨数点。下午沉阴，忽东北风狂起吹散，仅洒小雨二三次而已。

二十七日（5月27日）

早起，焚香叩祷一次。作梅、存之、云峰、问渠及叶冠卿观察，先后入坛拈香。余竟日在坛。是日晴，申刻云起，风亦起，小雨数点如昨。戌刻，焚香叩祷一次。作金陵家信及善征信。

二十八日（5月28日）

早晚焚香叩祷各一次，竟日在坛。是日大晴，无纤云。

二十九日（5月29日）

早晚叩祷如前。僧道上坛已五日，未得逗雨。适府、县自满城抱阳山请水归，邯郸铁牌亦将至。此坛暂停，但朝夕焚香私祷耳。是日晴。

五　月

初一日(5月30日)

早起，祀神明、祖先毕。素服至北门外龙母宫。雨坛设此。昨首府县所迎水，辰刻，邯郸铁牌亦至，并供此。旋上院贺朔，并贺劫世子考荫得员外喜。以次至藩、臬衙门。午刻，问中堂病，寝，未得见。过幕府少谈。申刻，素服至龙母宫。又答拜同寅数处。戌刻，熏沐祷雨于私坛。夜，过云峰谈。是日晴。

初二日(5月31日)

早起，拜祷私坛毕。至龙母宫。顺拜三府、吴〇〇、劳令辅芝皆不遇。申刻，至龙母宫。戌刻，拜祷私坛。

初三日(6月1日)

早晚拜祷如昨。顺拜陈小蕃观察。戌刻，走视陈荔秋刑部病。是日晴，下午阴。

初四日(6月2日)

早晚拜祷如昨。是日时晴时阴。

初五日(6月3日)

早起，祀神毕。上院贺节，投刺而已。司道亦然。午刻，陈肴馔，事祖先。邀作梅、存之诸公会饮。申刻，过云峰晚饭，满座皆醉，尽欢而散。是日晴。

初六日(6月4日)

晏起。午后，晋谒中堂，顺及进京事宜。出至幕府少坐。是日阴晴。

初七日（6月5日）

号刑案汇览一册。午后，蒋震吾观察来谈甚久。是日晴。

初八日（6月6日）

早起小雨。至藩、臬、道禀辞进京。午后，黄晴轩、王纶阶、唐伯存、吴挚甫、萧廉甫来谈。晏晴，大风。

初九日（6月7日）

叩祷私坛。寻撤位，以将启程入都也。新补大名县张大令为章、候补道刘观察树堂来拜。闻仆贾裕向大名县荐人，手书询之，张不承认，然决遣贾仆去，杜渐防微之意当如此。作金陵家书，报进京期。夜，过云峰谈。是日晴，下午阴云将合，风起即霁，小雨几点。

初十日（6月8日）

起稍晏。昨日新补大名县张令来见，颇泥属员例。贾仆即因此犯荐人之弊以去。可见上下交际，皆宜爱人以德。午刻，晋谒中堂，辞。旋拜客数处。清苑县李问渠馈约二三十金，却之。是日晴。

十一日（6月9日）

叶冠卿观察、丁乐山廉访来送。夜，恩云峰来。是日晴。清苑县李问渠自往易州龙潭取水祈雨去省七八十里。自四月十六至今，请水于一亩泉清苑境，去省三十馀里。二次；于满城抱阳山去省五十馀里一次；于邯郸铁牌井去省八百馀里一次；又封闭南门，开大慈阁、税务局等处古井。皆不应祷，不知此间何辜于天！

十二日（6月10日）

检点行李,明日入都。自买骡而借车于问渠。同寅有来送者数人,谢不见,亦不告辞,省繁文也。是日晴,酉刻大风,天地异色,黄沙漫漫,与四月初七大石桥途次所遇一般。真灾异也。

十三日（6月11日）

自保定府清早开车,行五十里,尖安肃县。又六十里,宿北河。上午晴,未刻黄风大作,戌亥之间,骤雨时至,陡起陡落,东北方雷电,必有得雨泽者。

十四日（6月12日）

行五十里,尖松林店。又五十里,宿豆腐店。是日晴。

十五日（6月13日）

行五十里,尖长辛店。又四十里进京城。至户部谭敬甫宅顺治门外北半截胡同内库堆胡同广和居对过,即浏阳新会馆。晤贺云舲大令宏勋,浏阳人;毕醇斋户部大琛,善化人,敬甫西席。经过芦沟桥、彰仪门税局,皆未留难。是日晴。

十六日（6月14日）

早起至吏部直隶股主掾管襄芬字欣之,浙、绍人。家,托以办理○○○引见事宜,共允部费:府百六十金,并案引见,道加百金,但得无多话纠缠。是又书办中之矫矫者。旋衣冠拜曾劼刚户部、许仙屏编修、钱调甫廉访。是日晴。

十七日（6月15日）

过仙屏早饭。送劼刚彰仪门。偕云舲游天宁寺彰仪门外,局面宏敞,殿宇轩昂,花木繁盛,池水甘洁,隋塔屹立,其制甚古,仕宦多宴饮寺中,壁间字画,故多佳者。是日,早间小雨,晏阴,午晴。

十八日（6月16日）

闲坐寓斋,时与云舲、醇斋谈。是日晴。

十九日（6 月 17 日）

闲坐寓斋。傍晚，送钱调甫廉访行，未遇。调亦来。是日晴。

二十日（6 月 18 日）

偕云舫至硫璃厂购买砚台、印色、图书之类。松竹斋纸张店、宝文斋书坊、一品斋帽店、仁昌金店、万丰扇店，皆都城巨商而与名卿大夫交易者也。富藏盛设，美不胜收。乡村少年子弟最易动心，余强制好尚，亦收买数种矣。

二十一日（6 月 19 日）

早起，拜周荇农庶子寿昌，长沙人；李若农侍讲文田，广东人；皮小舫户部宗瀚，善化人；魏赓臣兵部纲，衡阳人；黎心印兵部宗曦，浏阳人；蒋致轩户部休嘉、蒋竹云户部国璪，皆耒阳人。魏、黎得见，馀到门而已。是日晴。

二十二日（6 月 20 日）

巳刻，赴吏部验到。直隶候补通判段逢生、知县汪秉衡亦在。待至未初，满掌印常兴、汉掌印何枢至，入验。掾持簿呈押，如州县官点到一般。未正，卓侍郎保至，西向坐，侍者唱名，应曰：到。登堂北面三揖，退。归寓，偕醇斋、云舫至广和居小饮。是日阴，小雨。

二十三日（6 月 21 日）

编修萧敔庭晋卿、兵部黎心印宗曦来拜。傍晚，偕云舫、醇斋闲步南下洼。顺至徐叔鸿户部树钧处，久谈。是日阴，小雨。

二十四日（6 月 22 日）

拜同乡郑小山尚书敦谨、黄恕皆侍郎倬、张竹汀侍御沄、周云煦吏部庆恩、涂星畬吏部觉纲。午刻，赴许仙屏馀庆堂之招。座客有解星垣编修煜，直隶人；彭小渠刑部姜，江西人；毕醇斋。是日阴雨，惜不大。

二十五日（6 月 23 日）

早起，至西河沿仁昌金店顾又亭名维新，浙江人。处，交兑银钱。闻天津百姓二十三有烧天主堂之变。其先洋人迷拐汉人小孩无数，谓之排花，吸髓取睛以供药味，凶惨万状。民间愤烧其堂，并毙其领事与其党二十馀人。洋人来京控案。朝廷柔远保赤，不知何以两全。午刻，偕云舲至庆和园听戏。申刻，赴魏赓臣兵部之招。归已暮矣。是日阴雨不止，夜半大雨达旦。

二十六日（6 月 24 日）

○○○天子又诣○○○大高殿拈香祈雨。昨宵至天明甘霖滂沛，申刻方止，当深透旱地矣。九重轸念民艰，入春以来，设坛多次，敬天仁民，精诚上格，中兴盛德，于此验之。夜，偕云舲至管书办家，托查云舲起复验放事。同乡吏曹作梗，不得已，转嘱书办。铨政可知，风会可慨。

二十七日（6 月 25 日）

早起，写陈荔秋刑部信，问津门夷务。黄槿腴编修自元、许仙屏来。是日晴。夜，东南方雷电小雨。

二十八日（6 月 26 日）

偕云舲至市肆，买纸张、服饰之类。官场门径，外任招牌，此其一端。是日晴。

二十九日（6 月 27 日）

与云舲过许仙屏久谈。同游市肆，一物无所得。至宴宾斋小饮。戌刻，冒雨拜李小轩户部廷箫，湖北黄安人，小军机，询引见后谢恩事宜，即托渠代办折禀①。又谈天津夷务甚详，亦有心人也。

---

① 作者在日记封里注有以下文字："小军机户部主事李小轩名廷箫，住教场上三条胡同路东栅栏内路南，润笔共二十四两，零费四两。"

是日阴晴,戌刻以后大雨达旦。

三十日(6月28日)

上午在寓。下午与醇斋、云舲赴敬甫陶然亭之招。皮小舲户部宗瀚、李伯初司马光莹、李鉴吾公车世德咸在。鉴吾酒兴豪,对饮至醉。亭为都城游览最佳处,四窗轩豁,秀挹西山,雨后沟浍盈盈,丛苇蛙鼓。堂联云:"客醉共陶然,四面凉风吹酒醒;人生行乐耳,百年几日得身闲。"超脱乃尔。归寓,知明日引见已撤,皇太后偶不怿也。是日午间小雨,晏晴。

六　月

初一日(6月29日)

昨被酒夜谈,辰刻始起。写金陵平安家信、莫善征信、保定陈荔秋信。李若农侍讲文田来拜。此公深稳有度,光明照澈,当是粤东上等人物,乱世隽才也,并精医。是日阴晴,下午西南沉阴,戌刻雷雨,夜东南雷声不息。

初二日(6月30日)

写南抚刘韫斋师信。申刻,赴毕醇斋馀庆堂之招。同席为许仙屏、周沄樵两编修、周名馨澍,长沙人。胡厚斋司马、李镜仙兵部、贺云舲、许秋槎世兄。秋槎,次苏先生长君也,捐部郎来京乡试,英华焕发,年少气盛,稍学稳重则进矣。夜与云舲、敬甫谈家乡事。丑正乃寝。

初三日(7月1日)

李小轩军机来,未晤。夜,复与谭、贺谈甚久。是日晴。

初四日(7月2日)

作易昀黄信。下午拜许秋槎。再拜郑小山尚书，不遇。是日晴。

初五日（7月3日）

早起，写浏阳家信，并刘韫师信，附入昀黄函内，交银号蔚泰厚寄长沙。下午，答拜蒋竹云国瑮、蒋致轩休嘉两户部，并辞柬招，不允。过魏赓臣家，久谈。夜与敬甫、云舫谈。知天津民夷之变，都中尚无一定办法。疑虑之心居多，主少故也。闻曾侯将从初六赴天津，而眩晕未愈，带病冒暑，中国一人。夜，写调甫廉访信。抄陕西报销账款片禀一纸。是日阴，自五月下旬以来，日日阴翳，时闻雷声，窃疑为南方淫雨之象。

初六日（7月4日）

寓中闲闷，翻阅《史记》。许秋槎名星翼来。申刻，赴蒋君之招，被酒露坐。与云舫谈至更深。是日阴晴，申刻雨，夜又雨。

初七日（7月5日）

看书，昼寝。夜与敬甫、云舫为编诗对字之戏。是日阴晴。

初八日（7月6日）

下午，赴黎莼印馀庆堂之招，贺云舫、毕醇斋、张竹汀、黄子寿、黄槿腴咸在。子寿，名彭年，丁未庶常，官编修，有道之士。竹汀则侍御，劾李申夫者。惟无瑕者可以戮人非，此悖矣。是日上午小雨，后晴。

初九日（7月7日）

吏部值日仍以○○○太后病，撤引见。莼印邀与云舫听戏，并入酒馆，醉归。抗谈直言关忌，自今戒之。是日晴。

初十日（7月8日）

早，雨数点后晴。闻浏阳、长沙又大涝，未悉其详。大乱之后，人心不改,天其厌之邪,抑儆之也!

十一日(7月9日)

昨知仆夏升有问管书办抽索部费分厘一事,将遣且止。饭时,谈及做官用人,不觉闷极发怒,此余忌恶过严处。岂知都城风气,上下相蒙,牢不可破,外省却未至此。夜,偕云舫、醇斋、敬甫为斗诗之戏。是日阴,夜雨。

十二日(7月10日)

史冠千工部悠元来,常州人,贤希从弟。酉刻,偕云舫、醇斋过徐叔鸿宅,未遇。叔鸿旋来。是日阴,小雨数遍。

十三日(7月11日)

答拜许仙屏、许肇元、李若农,皆不遇。若农放浙江副考官。酉刻,赴涂星畲吏部馀庆堂之招。座客夏、宋、周、劳、梁,皆识面。夏则湖南候补道,貌似高华。七人中有三“烟”。是日晴。

十四日(7月12日)

昨宵卧不嘉,梦中乃惑二次,醒则恐甚。辰正始起,心神不清故也。敬甫知余将置妾,而择年在二十五岁上下。适有送婢求卖者,敬甫邀与一看,遣之去。余生命薄,鳏亦屡矣,以承母命买妾,物色实不容易,且徐图之。是日上午阴,下午雷、小雨,酉初大风雨。

十五日(7月13日)

拜同乡京官四五十人,外城见者十馀人,日暮乃返。是日晴,夜月食。

十六日(7月14日)

拜内城同乡官五处。晤陈光禄一人。至沙窝门夕照寺答拜史冠千户部悠元,不遇。下舆憩坐。寺僧法云浙杭人。款茶,人甚娴

雅。寺中庭院亦极静洁,时花、池鱼颇有。归寓,假寐炊许。写陈
作梅、周际文信,交院署差官带去。夜,与敬甫、云舲酌。开会馆捐
数,余以实缺知府拟三百金,从来未有此种出手,为一邑计也。是
日晴,甚热。

十七日(7月15日)

写曾中堂、陈荔秋信,论天津夷务。明日专足送天津行辕。下
午,拜史贤立、黄芍岩,名少春,浙江提台。皆不遇。同邑罗恬波带到
叔弟安书及三叔信。是日晴,甚热。

十八日(7月16日)

许仙屏邀至广和居早饭,久谈始散。同乡聚会馆,以戏、酒请
浙江提督黄芍岩少春,余为陪客,竟日欢饮,亥刻始归。黄恕皆侍
郎以余不解逢迎,甚不快,形诸言词,笑置之。是日阴,小雨。

十九日(7月17日)

早雨,竟日不休,岁事之大幸。语云:宁可得罪君子;又云:燥
弓柔之以胶,凶人避之以礼。昨日某侍郎之事是也。冒雨往拜,仍
不下舆。旋至夕照寺辞史冠千柬招。又至兴胜寺晤黎心印、黄槿
腴、丁竺云。黄子寿述与某侍郎向无嫌隙云云。归寓,并对醇斋详
言一番。醇为侍郎至亲,间有窳苦语。

二十日(7日18日)

拜同乡张竹汀、黄晓岱、龚湘浦、涂星畬、左楚英、皮小舲、周禹
民,谢前日会馆之招。晤周,馀皆不遇。送会馆团拜费五十金。戌
刻,赴周荇农庶子之招。同席黄芍岩、醇斋、云舲、敬甫、欧阳佶人。
名宗佶,永州人,官户部主事。是日阴雨。

二十一日(7月19日)

黄晓岱、左楚英、龚湘浦来拜,皆衣冠会之。戌刻,接陈荔秋刑

部自天津回信。详言夷务和局,时事艰虞,而卤莽官凭空生衅,令洋人予我瑕疵。(费)〔曾〕国老竭力周旋,内贻士民之议,外长洋人之玩,此时增一痕迹,将来多一忌讳。国事至此,可哀也已!是日阴,小雨。

二十二日(7月20日)

张子荣吏部惟儁来拜。饭后,拜易汉乔户部章玉、欧阳吉人、许仙屏、刘云生、名锡鸿,广东人。何子愚、汪秉衡。与仙屏、子愚谈及夷务最多。寄浏阳平安家信、畇黄信,托湖南折差带。史冠千折柬相邀,辞之。夜,开京城拜客单。是日晴,夜小雨。

二十三日(7月21日)

刘云生、史冠千、周禹民来拜。接金陵平安家信及盐局各委员信,少岩、兰九信。家信道旅养儿婚等事,处置甚妥,甘旨之费,余之责也。盐局信,谢保举。少岩信,道军需报销。皆拳拳有故人意。申刻,刘仙屏有邀陪栗诚世兄,辞之。是日阴,申刻大风,大雨淋漓达旦,泽似过多矣!

二十四日(7月22日)

自昨宵大雨,至于日中方止。申刻,至西河沿正乙祠面邀顾又斋,柬请听戏两曲。旋赴李小轩湖广馆之招。归寓,料理明朝引见事。

二十五日(7月23日)

寅初起,沐,饭毕上车。敬甫、云林皆衣冠偕行。至东华门栅栏外,下舆步行,至景运门朝房小坐。进景运门,仆从在门外不得入,坐九卿朝房,闲步观保和殿庭院二三处。午初叫起,吏部带九排十四员,余与安徽知府马文梦为第五排,齐入乾清门,带领主事:一为白建侯桓,一为沈叔眉源深。挨次诣养心殿,跪于阶下,口背:李兴锐,年四十岁。起，趋而出。天颜仰觐，英武巍严。两宫坐纱帘之内，不得瞻仰。旋奉旨：李兴锐（署）〔着〕准其补授大名府知府，以道员用。钦此。君恩优渥，如何报称！至贡院街拜曾栗诚、王协定、潘〇〇〇。曾、王出城，晤潘，点心一顿。至煤炸胡同太平寺拜刘筱崧观察，不遇。至西华门外松树胡同拜姚循庵、姚小浦道别，□一时之久。归寓已是申刻。适蒋寿山兵部来贺，陪坐少许。赴云舲广和居之招。敬甫、恬波更番拇战，不觉过醉。早寝。是日晴。

二十六日（7月24日）

令长班林文升至鸿胪寺画押。张苏拉送谢恩折，绿头牌来看，赏予车钱三十二千。姚小浦、魏赓臣、史贤立来贺。傍晚，曾栗诚来，让榻宵谈，小饮始寝。是日阴晴，早晨毛雨数点，午刻东南雷，亥刻雷电大雨。

二十七日（7月25日）

寅初起，沐。与敬甫上朝谢恩，预备召见。在九卿房待至巳刻，李吉言、寻鉴炜、谢膺祷、陈鸿翙皆在坐。苏拉报，不叫起，送绿头牌至。遂出景运、东华、东安门至聚丰堂早饭。敬甫为东，左楚英后至，留饮。谈天津夷务，清议莫不归咎曾中堂，甚矣！任天下之重，岂不难哉！诣恭亲王府及军机大臣宝佩蘅尚书鋆、沈经笙侍郎桂芬、李兰生侍郎鸿藻。宅内降舆，投刺。王府在十刹海，宝宅在大佛寺，沈宅在东厂胡同，李宅在烂面胡同。归寓，稍睡。夜，作天津陈荔秋信。是日天明雷雨，辰以后晴明。晚间，送部费二百六十两予管书办，并问文凭。

二十八日（7月26日）

饭后，答拜客十数处。中有见面谈论夷务者，什九不能持平。酉刻，归寓。赴罗恬波广和居之招。戌刻，吏部文凭至。夜与敬甫、云舲、恬波露坐，谈至子刻。是日阴晴。

二十九日（7月27日）

早起，进内城拜客八处。至同兴居赴周尧山、李镜轩之招。下午，拜城外客三十馀处。烈日衣冠，热极，不可受。应酬之难如此。夜谈，倦甚。是日晴，夜雷雨，别方雨。

七　月

初一日（7月28日）

早起，补拜客五处。归寓，料理行装。辞姚小浦巳刻之招周禹民申刻之招。蒋寿山镇嵩东约初三，并辞之。写金陵、浏阳家信，易昀黄信，告以引见事毕，即日过天津谒中堂。周际文信，寄皮箱等件，史贤立顺带至保定。与松竹、天成、西大赐、仁昌各店结帐，不敷，借敬甫银百两。酉刻，敬甫、云舲、恬波、醇斋、心荫、叔鸿在广和居为余饯行。酣饮薄醉。适谢立夫兵部宝镠至，入席谈天津夷务，意似怫然。然其人则正士也。客散，露寝廊檐之下。是日晴。

初二日（7月29日）

早饭，敬甫私饯，不敢多饮以废事。客散，检拾一切。竟日纷疲。申刻，衣冠辞敬甫、云舲、恬波、醇斋。夜，早寝。

初三日（7月30日）

早晨出城，敬甫、云舲、恬波送之永定门外，拳拳可感。行三十里至大兴属之马桥，尖。又五十里至通州属之大码头，宿。中间隔水之处颇多，永定河溢，且雨泽过多也。所喜一路秋粮茂盛，被涝者亦浅，可望有年。

初四日（7月31日）

雨住，开车。道路泥泞，酷热尤甚，骡马殊苦。行三十五里至武清县之河西务，尖。又三十五里至蔡村，宿。蚊、虱、臭虫极多，彻夜不眠。自码头至河西务一带涝甚，运〔河〕水溢矣。是日晴。

初五日（8月1日）

行五十里至杨村驿，尖。又六十里至天津东关三合店下车。便服趋曾中堂行辕贡院。问引见事甚详。便述都中议论和夷，不下百十言。总之，办大事而为宵小牵掣，贤智之所以被谤也。侯漠置之，大哉侯矣。与荔秋、挚甫久谈。出城将近三更。是日晴朗，凉风。

初六日（8月2日）

早起，写履历一套。衣冠晋谒曾侯，跪拜尽礼。问在京应酬一切。出至挚甫处早饭。归寓稍息。申刻，过新任天津县萧廉甫饭。是日晴。

初七日（8月3日）

拜司、道、府、县及同城各官。下午移寓督幕。夜，与荔秋、挚甫久谈洋务。是日阴晴，夜雨。

初八日（8月4日）

早起，谒见崇地山宫保、毛（煦）〔旭〕初尚书，及其随员刘云生、吴子健。崇公及丁、陈答拜，辞之。申刻，同荔秋、挚甫过廉甫小饮。是日风雨。

初九日（8月5日）

阴雨，不出门。已刻，英国领事威妥码谒见中堂，所谈天津案件，尚多龃龉。而法国领事罗淑亚决意本日入京，威妥码明日入京。居中要挟之计，已可概见。当事无术可以羁留，甚觉可虑。未刻,入见中堂,谈论亦无落底之著。夜,与荔秋、挚甫久谈。三更寝。

初十日(8 月 6 日)

早,与荔秋、挚甫赴刘云生、吴子健之招。申刻,又赴陈小帆之招。作京信三。四更始寝。是日晴。

十一日(8 月 7 日)

写恩云峰信。申刻,谒送崇宫保。拜其幕府陈少泉观察翰芬,浙江人。才辩过人,得志将误国事。此次偏执和议,盖崇(侍)〔待〕之谯周也。夜,与荔秋、挚甫久谈。是日阴晴,小雨。

十二日(8 月 8 日)

夜,谒曾相,久谈。慈安太后万寿。与荔秋、挚甫谈至三更。作"筹战"一函,明日上之侯相。是日晴。

十三日(8 月 9 日)

检复老湘营刘毅斋信。夜,与荔秋、挚甫同谒侯相,将进筹战之说,调杨、彭、曾、鲍①诸夙将出山。侯相辩论敌情,以为各国不可猝灭,诸将不可常恃。且谓夷非匈奴、金、辽比,天下后世必另有一段论断。将来有能制此敌者,然必内外一心,困心衡虑,未可轻率开衅也。老谋见远,令人佩服,但目前和议不成,万一决裂,何以御之! 杞人忧焉。是日晴。

十四日(8 月 10 日)

拜吴桐云都转,论盐务。以福建票运新章赠我,即桐任都转时所撰。桐云名大廷,永州人,早年有奇才之称。又拜数客。至萧廉甫处早饭。归寓,知总税务司英国人赫德来见曾侯。曾侯持论甚

---

① 指杨岳斌、彭玉麟、曾国荃、鲍超。

正,赫亦帖服。蒋养吾观察来访。夜,早寝。是日晴,戌刻小雨数点。

十五日(8 月 11 日)

未明即起,惧招客,乃复睡,至辰初方起。答拜蒋公,则已去。拜恒都转及其幕僚秦、王二君。寄谕毛尚书署通商大臣,固所愿也。李少荃协揆自陕西先带亲兵八营,于初七日启程北来,会办夷务。壮哉此行。余自五月入京,不克行朔望拜祖先之礼,中元亦不克如常祭奠,感时动念,梦返乡间。是日晴。

十六日(8 月 12 日)

偕挚甫遍历城厢书肆,一无所得。天津华夷杂处,市侩充塞,故城市全无清雅之气,半由士风矜躁、民情浮薄所致,治理亦殊难矣。作金陵家信,交杨家胡同福兴润洋船信局。是日晴。晤陈子敬钦、恽杏耘祖贻,皆毛尚书随带员司。陈有昂昂人表之概,言论亦复不苟,以章京居总署十馀年矣。

十七日(8 月 13 日)

闲坐无所事之时,从荔秋、挚甫谈。是日晴。闻丁雨生中丞初八日自苏州起程北上。有禀议三篇,平正通达,熟悉夷务。

十八日(8 月 14 日)

唐伯存、高端甫来谈甚久。夜谒侯相,以前任天津府县远去,解讯迟迟,廷旨及总署催迫甚紧,侯相大为焦急。此次办理夷务,无一顺手,被谤受气,不一而足,可发一叹。是日晴。

十九日(8 月 15 日)

答拜吴子健。恽杏耘送行,渠先回京也。便与陈子敬、刘云生谈论夷务,约两时之久。归寓后,陈镇军济清来,久坐不去,颇觉生厌。夜,钱调甫有禀侯相一缄。张守现在顺德,刘令现在密云,已叠次派员提解矣。是日晴。

二十日（8月16日）

刘子务廉访盛藻来自沧州行营，铭军代统，出色材料。下午，曾侯出至幕府，谈笑炊许。此次夷务，众论咎侯不善处分，君子小人如出一口，全不谅局中苦心，可叹之至。是日晴。

二十一日（8月17日）

早起，答拜刘子务。出西关答拜刘子征军门盛休，并至陈小帆观察处。申刻，与荔秋、挚甫赴丁乐山观察之招。夜，以张翰泉亲供应否递交总署【下缺】。天津禁戏，谣言四起。夷务文书宜谕仇书办，格外机密，各事禀谒爵相。与荔、挚谈至三更。是日晴。

二十二日（8月18日）

辰刻，刘云生来，留早饭，畅谈夷务，评论人物，颇有见解。惟多拿凶犯一说，与挚甫抵牾久之。挚甫论议好为精辟，聪明过人，惜其握拳透爪之态过多，未免以此忤物，亦处世一大缺憾也。昼寝甚久。余则从荔、挚聚谈，杂以嘲笑。无事光阴，甚难销受。五月以来，亦懒惯矣！夜，作卢方伯、钱廉访禀。是日晴，近数日热。

二十三日（8月19日）

早起，缮两禀。陈云卿镇军来，托以洪峻亭副戎德发差事。洪为湘前营官，安详而少气概。此来颇窘，故荐之。钱调甫禀报：张翰泉十八日自顺德动身。王委员霖禀报：刘彦山二十二日自密云动身。二君幸知速来听勘，或不至重为洋人追胁，爵相亦可稍松责备。下午，作恩云峰信。吴彤云来，与之抗论，多凿枘处，高华之士，俗吏之魁也。爵相前日复禀刘军门铭传及杨、彭起用一片。批折：统筹全局，令闽、粤各省操防船炮，搜罗人才。大有敌国外患之惧，不知各省疆吏何以应之。是日上午晴，下午阴、雷，傍晚小雨数点。

二十四日(**8月20日**)

铭军刘子征军门来。爵相始出门拜客。是日晴,未刻暴雨如注。

二十五日(**8月21日**)

早起,拟同唐伯存、荔秋、挚甫游紫竹林,适以丁雨生中丞事止。中丞奉命北来,今日抵津,微服赴府署马松圃处请见,门者难之,且索门包洋钱二十元,号包制钱五百枚,仍不为之纳刺。中丞愤愤去,以告爵相,即欲禀参。金以松圃人品虽不见佳,虽权府系崇地山大臣所荐,然总由爵相保禀,现在夷务事事棘手,爵相方以用人办案大干清议,若将松圃劾去,里面更觉污糟。群嘱丁乐山、陈荔秋代为缓颊,以存体面。而中丞若喜若怒,事不可知也。前任天津县令刘彦山来厅勘,陈小帆尤觉殷勤。余以挚甫论夷务,以片言龃龉半晌。余过矣,余过矣! 夜,与荔秋谈至三更,挚亦在,两情尚无龌龊。是日晴。

二十六日(**8月22日**)

早起,谒见丁雨生中丞,与陈小帆俱。中丞颇以凤昔虚名誉我,非小帆所愿闻也。其论夷务,专以拿办凶犯为急,与曾侯原禀尚不相背。分派道、府、县、将、镇五衙门,限四日内各获四人,违者括顶。得此一催,案件或可速了。答拜吉秀峰、英,保定理事府。革职天津县刘大令杰。过廉甫、伯存谈,便留早饭,荔秋亦至,午刻始散。作老湘营刘毅斋、黄杰轩复函。夜,与荔、挚谒曾相,知丁中丞、毛尚书皆力主撤天津府马松圃,将以我代。我固辞,且谓此时办案正紧,马守不惟不可参,并不可撤,不如俟夷案了结之后,再令回晋州本任,更为妥洽。爵相韪之。是日晴,夜风雨。中堂自限夷案尽八月二十三了结。

二十七日（8 月 23 日）

作金陵平安家信。酉刻，同荔、挚赴陈小骊之招，吴桐云、萧廉甫亦在。陈、吴舌战，各以锋利骋其能，而嫌隙微露。此会，众人不甚欢。归寓，闻中堂将委我审天津凶犯。即时晋谒，再四婉辞。若准若不准，然我决不为也。是日寅刻大雷雨，晏晴，饶有秋意。

二十八日（8 月 24 日）

早，至关帝庙，候周、王、洪三将。毛尚书、丁中丞同至爵相处，闻将以余为发审局提调。新立发审局道署，讯夷案众囚犯。乃遣使持刺谒两行署，托辞抱病回省。毛、丁去，急谒爵相，固辞差委，爵相颇不以为然。令挚甫相劝。决意不就。饭后，坐荔秋案头，闲阅行稿一大本。傍晚，陈小帆来，以病状与之周旋，待小人不得不尔！是日阴晴，小雨。署通商大臣成竹坪寺堂林至津，余以引疾不往谒。

二十九日（8 月 25 日）

早饭，适小帆至，引入席泛议夷务，余有怒色，愤语。渠颇不安。张翰泉来，久谈。嘱其于案件未了之先，弗常至督幕，以防谣言。翰泉唵唵，善人也。作恩云峰信。是日阴，甚凉。

三十日（8 月 26 日）

开设发审总局，张翰泉、刘彦山各递亲供。毛、丁二公至爵相处午饭，酉刻始去。夜，爵相以张、刘供交幕府，令将不实不尽处所逐层驳诘，以昭核实。余亦助荔、挚参酌数语。日间与小帆论夷案，以必杀拐匪武兰珍，为此案正准，小帆抑扬其词，惟其私心用事也。昨闻翰泉云，大名河水泛溢，道路相隔，果尔，必津河为灾而开，东长黄水，尚不知何似，倘又成灾，吏事真觉棘手。是日晴，傍晚阴云密布,夜大风、雷雨。

八　月

初一日(8月27日)

早,丁乐山、萧廉甫来,少坐,随后众宾亦至,余皆谢病不能答拜。翻书,昼寝。夜,接陈作梅信,言和局之害甚烈,以呈爵相,不知喷饭否! 是日晴。

初二日(8月28日)

总署信至,据夷酋照会,语意层层驳诘,府县架空罪语,无非欲以主使二字杀之。然府县有最难回答者,杀张栓、郭拐一条,是在上峰弥缝而曲全之。午后,爵相至幕府,微示意矣。罗仲云为余买《瀛环志略》一部,纸张甚好。夜,接金陵平安家信。是日晴。

初三日(8月29日)

为陈小帆、马松圃所缠,午初始早餐。旋与唐伯存、荔、挚赴紫竹林,先至同昌洋行林月槎、邓文甫处一坐。细茶、鲜果、洋点心款洽周至。洋点有鸡蛋糕、葡萄糕之类。为击弹之技,一巨案值二百馀金,傅以绿呢,置象牙丸四颗其上,持小木条直撞之,丸相中为胜,若撞入四隅垂囊者为三胜。盖夷人赌局也。壁间有记胜负木牌,皆洋字。登英国兵船,纵观内外炮位、机器之类,无不洁,尽精微,火轮四面皆铁,形色不一,枢纽繁多。中国无此绝器。登上海生意船名满洲者,造顶憩坐。船中假鬼颇多,冠履卷发,悉类真鬼,惟双晴不似,而若辈犹睁眼直视,以为形肖,畜徒何知丑矣。归寓,中堂在幕府久坐。留伯存晚饭,举杯畅谈,二更乃去。是日晴。

初四日(8月30日)

辰刻,廷寄至。马谷山制军被刺,因伤出缺,以曾侯调任两江总督,李相调任直隶总督。如此复局实出意外。刺及总制,尤闻所未闻,岂位高者患深,和平者怨密耶?可为浩叹。随与荔、挚谒曾侯,谈未几,毛、丁适至。夜,乃独入,请从东归。侯谓目盲不堪任疆吏,如引退不可,则携余至金陵当差。余谓即准引退,亦必相从南还不仕直也。意此举,两江士民必喜,直隶必怨。国家多难,如我侯者几人?任天下之重繁,中外之望者几人,其奚能退?是日晴。

初五日(8月31日)

饭后,与唐伯存至同昌洋行,并历街衢,所见无非洋货。江苏候补知县张新铭恩黻出都过此,托带金陵家信一件,略言拟随爵相南还之事。是日晴。

初六日(9月1日)

写调甫、作梅、际文信。调甫升授直藩,一岁三迁,遭逢有幸。然司道尽如此公者,吏事亦有裨矣。是日晴。

初七日(9月2日)

早饭后,过唐伯存,同高端甫、敖云乔至戏园听戏竟日,挚甫亦至。戌刻回县署晚饭。归署,发金陵家信、王少岩信。是日晴。

初八日(9月3日)

寄谭敬甫信,托查军需报销部复。寄许仙屏信,为刘通判交带事。下午,汇本年主学差单。湖南得王逸吾先谦、谢严白维藹、黄晓岱锡彤、龚湘浦承钧、黄槿腴自元五人。夜,与荔秋谈。是日自黎明至夜皆大雨。

初九日(9月4日)

丁乐山、陈子敬、刘云生、傅孟樵、陈小驷、丁士彬会讯天津已革府县张翰泉、刘彦三并其家丁从役。翰泉有傲岸之气，彦三谈吐详明，二君虽有自取之道，罢官遣戍足矣。必如夷酋杀之云云，尚成朝廷乎！是日阴，甚凉。

初十日（9月5日）

寄蒋养吾信。下午，与挚甫至县署听戏。夜，同荔秋斟酌府县供词。三更后，陈蓉斋自县醉归，向余糊语，此人妄甚。是日晴。

十一日（9月6日）

刘云生以府县供词到此斟酌半日乃去。此公遇事稳实，不比花苗一路。方存之来。史绳之廉访专差来省，日暮穷途之惧。夜谒侯，为史、丁事，即允于交卸前出禀，随后寄稿去。帮荔、挚斟酌府县供词，四更始寝。是日晴。

十二日（9月7日）

刘云生仍来勘供，毛、丁二帅深以改供为不然，其实关系府县性命，官话殊打不去。而挚甫因此忿忿不平，语言不逊，何其浅躁不顾大局耶。未刻，陪桐云、存之诣爵相，饭。申刻，与云生、荔秋、挚甫赴密陀士洋行崔应雄处吃鲜鱼生，此广东菜也。复史绳之信。是日晴。

十三日（9月8日）

同荔秋校对府县供词五十馀分。酉刻，同荔秋、挚甫、存之赴吴桐云之招。席间谈及此次夷务，京外好为清议，不顾大局，不觉怒骂流辈，酒亦微醺矣。是日晴。李中堂到保定。折弁回，上谕慰留曾侯两江之任。

十四日（9月9日）

发府县亲供折禀。栉沐。夜，廉甫、伯存来谈出处，余不免愤激之词。是日晴。

十五日（9 月 10 日）

早起，同幕府诸位谒节相贺。饭后，听戏，拉荔秋同去，非彼所愿也。是日晴。

十六日（9 月 11 日）

早，小骊谈府县被议后行径，似彼亦有心陷害。非人也，非人也！廷旨及总署信，催办凶甚急。译署意：又要速，又要实，又要多，又要机密。信笔豪言，何异痴人说梦，更不解其近日惮夷何以至此。廷旨召还毛大司空，专责湘乡公与李少荃、丁雨生两帅会办。毛以明日回京，留之不可。前直隶臬司史绳之念祖来。夜，同荔秋谒曾侯，和战不可必，事机本不顺，泛论半晌而出。作肥乡张令、胡绅信。四更乃寝。是日晴。

十七日（9 月 12 日）

早，史绳之来，久谈。陈子敬来辞，自言回京料理，仍来接署天津篆务，恐未必然。下午，昼寝两时之久。夜张翰泉、方存之来谈。存之迂儒无足谈者，其好利骛俗，卑陋尤甚，道学顾如是耶！是日晴。

十八日（9 月 13 日）

早，答拜客数处。至河北恩聚店拜史绳之。适浮桥初开，久之始合，车马人畜，拥挤无状。饭后小卧。中堂召商发审局添派大员，丁雨生中丞将用史绳之，中堂意似不惬。此事本难其人，火坑又皆不乐蹈，因供无几人，而二十三结案之限已迫。廷旨、总署且有提府县解交刑部之文。毛尚书已去，李揆帅不来，丁中丞卧病，无人为中堂臂助，遂欲禀请交部严议。时事尚可言哉！傍晚，访绅士杨春农俊元，细询夷案及真正凶犯，坚不实指。留我便饭。适辛绅绣圃来谈长芦盐务甚久。归将三更矣。辛为人尚明白，但浮夸非可用者。是日晴。

十九日（9月14日）

上书李少荃中堂，求救张、刘下狱之祸，荔秋、乐山、挚甫与予四人会衔，挚甫主稿。六百里驿递保定，不知有济否。陈云卿镇军以所拿津犯无供，去翎顶。曾、丁命亲自提犯至院署，审问至夜，仅有两人众供确凿，本人则尚未承认也。是日晴。

二十日（9月15日）

早，至史绳之处久谈。归，谒爵相请其自禀以救府县下狱之举，允之。而尚有待以陈镇国瑞自京解津归案审讯，府县暂可缓解故也。小骊混骂崇地山挟厚资回都，余面责其非是，觍然无词。非真骂地山，佯骂以话我也。小骊为地山私人，谁不知之也。是日阴晴，下午大雨大风，夜稍凉适。

二十一日（9月16日）

作卢午峰、钱苕甫两方伯禀信。卢为通判刘荫堂问伊父任内领款，钱为肥乡张令守元求留署任以补额空。下午，至陈云卿处，所言凶犯拟抵须有配搭，免至洋人争多较少，糟踏华民。不为无见。傍晚，中堂下幕府，即以其意转呈矣。夜，伯存来，久谈。是日晴。

二十二日（9月17日）

写恩云峰信。栗诚、协亭自京来，乡墨皆佳，命中之技。是日晴。

二十三日（9月18日）

中堂禀报第一批津案，凶犯十五人，并自请严议。协亭好饮酒，余与对酌四次。夜，谒中堂言盐务轻减成本复禀，允于交卸之前拜折。又自陈必随南还，固请乃许。但须开缺亦不顾矣。是日晴。

二十四日（9月19日）

以盐务复禀事至运署细商半天。夜，拟折稿，五更始竣。是日晴。

二十五日（9月20日）

至西关外西沽桥迎接李少荃中堂。旋至行署投刺。是日晴。

二十六日（9月21日）

早，与挚甫谒李中堂，适预备出门，不获见。拜客数处。夜，阅陈作梅信，一派横议，不觉勃然大怒。谒髯相，犹骂作梅糊涂旦。过矣，过矣！存之在，并叱其清议之非，彼必恨我。

二十七日（9月22日）

早，谒见李中堂，同见为史绳之、恒云舫、周琳叔、傅孟樵、陈小帆、李仲宣。出，答拜裴观察荫森。傍晚，李中堂至幕府，邀余入座，询余进退，答以南还，若许若不许。是日晴。

二十八日（9月23日）

为曾侯汇银三千两，交张翰泉、刘彦三下狱之费。拟盐务咨稿。夜，走候翰泉、彦三，婉言慰藉，皆唯唯。是日晴。

二十九日（9月24日）

早起，送栗诚、协亭、鹭卿、云舫回省。下午至金馨园观剧。夜，早睡。是日晴。

九　月

初一日（9月25日）

未明即起，沐。与挚甫出西关之西沽桥送张翰泉、刘彦三入都。返，拜客数处。闻荔秋云：丁雨生中丞为余南还事，在爵相前极力悉怂，且以江宁府一缺荐。余一生无长处，又不工于逢迎，顾每每得显者青睐，遂以此叨窃虚名，可不勉欤！镇江、吴城皆有民教起衅之案，津人作之俑也。何日而宁？是日晴。

初二日（9月26日）

早，与挚甫谒见丁雨生中丞，意致甚厚。饭后，昼寝两时之久。傍晚，曾侯传见，述丁雨帅方待余相从南还之意。曾侯待余如子侄，雨帅爱余以爱。曾侯一出至性，受知若此，何以报之。曾侯又言，禀调人材之难易甚详，去取尚未定也。夜，写金陵家信，贺母寿旦，并告以南还之信。是日晴。

初三日（9月27日）

早起，访方存之。询其出处，以曾侯意劝其就枣强令，不必遽从南还，意似许可。乃挚甫复与之讦辩牴牾，殊伤忠厚。午刻，赴北关外茶店口送丁雨生中丞回苏。是日晴。

初四日（9月28日）

早起，谒曾侯，复酌调人员之命。写恩云峰、联卓斋、陈鹤云、周际文信。是日晴。

初五日（9月29日）

谒李中堂谈盐务及曾侯进京事宜、吾辈出处之事甚久，午刻始退。谒曾侯，一一言之。未刻，赴王纶阶戏园、酒馆之招。二鼓归寓。是日晴。

初六日（9月30日）

午刻，曾侯交卸督篆，贺之，不受。贺李相亦不受。未刻，曾侯约饭，座客为荔秋、挚甫、容斋、佛生。是日阴雨。

初七日（10月1日）

早起,谒曾侯,禀知明日回保定。至李相署,见辞。回拜王凤臣军门可升。至县署早饭,即托雇车。下午,与荔秋、伯存至同昌洋行吃鱼生。夜,高端甫、敖云乔、方存之来送行。客去收拾行李。是日晴。

初八日(10月2日)

早起,谒曾侯禀辞。辰刻开车,行五十里至静海之梁王庄,尖。又五十里至王家口,宿。是日晴,未刻西方阴,小雨几点。夜,宿窦盛春店。史绳之留病马尸,为出钱二千,令地保裹埋北关。

初九日(10月3日)

行七十里至大城县,尖。又六十里至李功堡,宿。是日晴。

初十日(10月4日)

行四十五里至任丘县,尖。为史仆借县马不得。县令马河图鄙俗吏,交结口天,得是缺,可耻孰甚!又行六十里至高阳县西关,宿。今日为先大夫忌日,道途中,斋与祭皆不能,怆感不已。是日阴晴。

十一日(10月5日)

行六十里至保定道署。申刻,钱调甫方伯来,同在作梅处谈天津事,及余南还,再四挽留,久之始不强。客去,诣督署,请曾侯夫人安,即送二公子行。又拜见恩云峰太守。归寓,设酒馔祭先大夫,追昨日之事也。是日阴。

十二日(10月6日)

早起,谒见调甫方伯,费幼亭、蒋养吾、叶冠卿三观察。归寓,收拾书箱。费幼亭、恩云峰、沈竹斋、李问渠来拜。是日晴。

十三日(10月7日)

在寓中收拾衣箱。陈鹤云、王芝浦、贺云林、吴毅卿来拜。申刻,至云峰处饮,颇醉,三更始归。是日晴。

十四日(**10 月 8 日**)

早起,拜客数处。叶冠卿观察来拜。夜,作请假省亲禀。是日晴。

十五日(**10 月 9 日**)

早,钱调甫、史绳之来。调甫为余假千金之资,乃得清还众债,此谊不可忘也。检拾行李,夙务竟日不暇。酉刻,同作梅赴调甫之招。夜,督仆辈包捆箱簏。是日晴。

十六日(**10 月 10 日**)

早起,走辞数客。巳刻,赴叶冠卿之招。云峰馈赆百金,受之。李问渠五十金,却之,劳领茗、蛋二事。酉刻,出城登舟。问渠送之关外。作梅约饭,晚,以舟中距城太远,辞。是日晴。

十七日(**10 月 11 日**)

辰刻开船。沿河浅窄,节节官闸民坝,所至守候开通,以此耽过,仅行四十里,至东南顿泊船,去安州尚四十里。是日晴。

十八日(**10 月 12 日**)

未明开船。四十里至安州。又四十五里至赵庄安州属,停泊竟日,大东北顶风,至赵庄已黑,地生船少,雇村人守更,幸安稳无事。若系南方,江湖之间,必不能免,南方宵小散布于水,北方宵小往来于陆,故郡邑冲衢大道常有盗案,水路虽孤舟夜行无害也。四更,北风狂吼。是日早阴,晏晴。

十九日(**10 月 13 日**)

西风颇顺。行百一十里,酉刻泊苏桥。其地人烟稠密,铺店光昌。村中有中今科乡试者。苏桥距天津尚有百五十里。是日晴。

二十日(**10 月 14 日**)

本命生日，舟中斋。傍晚，至天津东关外停泊。遣仆诣曾侯行署探问启节日期。饭后，至贺云林舟中少谈。又与云林至王芝浦瑞征舟中一坐。是日晴。

二十一日（10 月 15 日）

清早晋谒曾侯。谕以二十三启程入京。家眷由运河先行，而自由京取道雄县、河间以达济宁，再舟行入金陵。问我如何行走，对以先令友人、仆辈坐船，随眷船大帮走，而自至河间候旌节。颔之。又陈明自去年来直，借过内银钱所千金，请作悬款，至南再设法筹还。其在京及同寅中借用者，第向钱调甫借得千金分偿之。侯似讶费用颇多。然北来年馀，仆从数辈，一切日用皆须自筹，且引见一次，以我观之，尚不多也。出，至幕府接晤陈、薛、黎、陈数人。至侯眷舟次，拜劼刚、栗诚二公子及王协亭。仅晤栗，谈次知挚甫不得随曾侯南行，谓我于中作梗，大发牢骚，百端怨怼，劝我委婉解说。余谓此事侯自主持，干我何事，此君性情颇乖，不必与之辩论，听之而已。归至舟，作谭敬甫信，还其借款百金，浏阳会馆捐项百金，皆托高聚卿带交京寓。另封还丁乐山银一百两，封送贺麓樵程仪三十两。恩云峰代偿长子明代制肥乡县关帝、城隍庙匾额银二十两平。交周际文水路盘费银四十两。还荔秋代买汗褂裤银四两六钱。终日料理行李等事稍就。夜宿原舟。是日晴。

二十二日（10 月 16 日）

早，晋谒李中堂。谕以请省〔亲〕假期四个月批准，但假满仍须北来到任，是时运河必通畅，可请老太太同来竟至衙门。又谓曾中堂意欲为开大名府缺，此间未定云云。凡此落落数语，体恤周至，何以报之。出，往拜丁乐山观察，贺其真除津道，不遇。拜郭子美军门，略谈。拜萧廉甫、唐伯存、李佛生，即留早饭。往栗诚处送行,已经解缆。回己舟,催令收拾开船,而搬随身行李于县署伯存旧榻。申刻,至曾侯行署,与佛生谒侯送行。适晤挚甫,谈及南行一节,负气辩驳,语多愤激,然自此亦不必再论此事矣。傍晚,回至县署。赵君小山设馔为伯存饯行,入坐畅饮,不觉醺醉。夜与伯存同榻。是日晴。

二十三日(10月17日)

早,至行署送曾侯启节入都。回署早饭,佛生酒兴勃发,往复拇战,彼此皆醉。适因挚甫奉李中堂营务处差遣一札,佛生借此牢骚,将欲从中簸弄,余大不平,形诸怒骂。过矣,过矣! 是日晴。

二十四日(10月18日)

闲居寓斋。栉沐。是日晴。夜,马松圃来拜,知奉札以今夜枭夷案凶犯十六人,人给恤家银五百两。杀之而又怜之,以此案不与平常同,虽曰乱民,亦因义愤,不过从保全大局起见,为此曲突徙薪,就案办案耳。

二十五日(10月19日)

慈闱六十七岁寿辰,早起蟒服冠带,先叩谢神祇、祖先既,北面跪拜遥祝。旋蒙萧廉甫、高端甫、敖云乔及萧之西席杨砚浦,先后衣冠拜祝,设馔相款。客中诸凡草率,心恋亲闱,饮亦不畅。宦游不若家居之乐也。是日晴。

二十六日(10月20日)

丁乐山观察来拜,为史贤立说差事,不谐。未刻,同高端甫、敖云乔往金馨园观剧。酉刻,赴马松圃之招。夜,与端甫久谈。是日晴。

二十七日(10月21日)

作金陵家信,告知周际文先行,我将由天津至河间等候曾侯。

此信,托同昌洋行林月槎交轮船寄去。南榜尚无信息。遣人至李中堂幕府一问,亦云未至,不知弟辈倅捷以慰堂上否也。是日晴。

二十八日(10月22日)

闲居署斋,无聊之极。借敖云乔《石头记》小说以寄心目。是日晴。

二十九日(10月23日)

闲居署斋。傍晚,与挚甫、廉甫、砚熙、云乔、小山、端甫痛饮。众人皆醉。是日晴。午间,至紫竹林同昌洋行。

十 月

初一日(10月24日)

闲居天津县署斋。下午,送吴挚甫回保定。赵小山约观剧,马松圃约晚饭,皆未往。是日晴。

初二日(10月25日)

早起,拜司道府镇及寅好二十馀处,辞行。恒云舫都转留早饭。申刻回寓。至袭胜园观剧,有盐山富商何慎斋邀至名庆馆小饮。狗众唤优名玉奎,玉奎粗莽,无相公忸怩气习,而善唱二黄。席终同众客至其寓处,给京钱十千,茗啜而散。归寓已亥刻矣。是日阴,大风。

初三日(10月26日)

早,东街火起,甚近运署,水龙至始灭。延烧店面十馀间。已刻谒辞李少荃中堂,坐谈颇久,适洋酋密妥士来,余即出。下午,至袭胜园观剧,余作主人,偿座钱四千,报诸友之请也。是日阴,小雨。

初四日（10 月 27 日）

未明即雨，夜半始息。闲坐寓斋，为诸友人写楹联条幅。

初五日（10 月 28 日）

闲住署斋。闻夷案所斩十六犯内，有某年才十七，聘某氏女未娶，处决之日，女欲自往生祭之，父母不许，女缢以殉。此种案情忽有此种义烈，可敬也，可叹也。当访其姓氏。是日晴。

初六日（10 月 29 日）

赵小山邀至东门外庆芳园观剧，又至名庆馆饮酒，玉奎在座。席散游览数处，归已三更。是日阴晴。

初七日（10 月 30 日）

竟日风雨。夜，偕云乔、小山至宝兴堂小饮，余为主人，即以楹联留别玉奎云"儿女心肠，英雄肝胆；花草世界，优孟衣冠。"跋云：庚午岁始识玉奎于津门。端谨无龌龊气，所作《孝肃镜美》、《太白醉写》诸剧，嬉笑怒骂，意态若生，足以发人感喟。临别赠此，玉奎藏之。湘南筱水散人。"席散归寓，已寅初矣。是举并唤玉奎师兄名小云，才色谈唱皆不佳，取其安静，且玉奎恚怂数次矣。

初八日（10 月 31 日）

申刻，敖云乔邀至聚兴园为余饯行，陪客为汪云皋大令、以现为县中发审，不叫相公，极是，极是。万云笙户部，莲甫之从父也叫松保堂翠兰、高端甫、以现为莲甫幕友，不叫相公，极是，极是。何慎斋、叫松保堂小翠，又叫冯占魁。占魁年将四十，唱须生好手，不当作相公论也。陆锦堂、叫荣发堂玉翠，玉翠才色俱佳，大小喉咙皆擅长。云乔、叫添树堂小金，小金色美不能唱。余并叫玉奎、小云，堂曰宏兴。自戌初至亥末，更番拇战，更番高唱，欢笑一堂，极风流之乐趣。是局，赵小山未至，前两局小山所叫春福堂顺玉，有姿而不能唱，举动亦觉粗俗。席散，偕众客遍至诸相公寓处。子初归寓。复与端甫、云乔、赵小山久坐话别。丑正乃寝。是日阴。早间为云乔写楹联送小金。自初二至今，余叫相四次，花钱三十馀千，从来无此行径，故缕列记之，以俟事过情迁，触目知所警耳。

初九日（11月1日）

未明即起，待至巳初，车始至，揖别署中诸君起行。行五十里至梁旺庄，尖。又二十五里静海县，宿。到店已是戌刻。回首往事，如在眼前，单车独客，感触百端，竟日为之不快。是日早阴，晏晴。

初十日（11月2日）

行五十里，至唐官屯，尖。又三十里至杨家码头，宿。道路泥泞，骡亦瘦弱，距大城县尚有二十里。明日恐不能赶到河间。是日晴。

十一日（11月3日）

早雨，晏阴。行四十里至大城县之广安，尖。又四十里至舒城镇，宿。镇距河间六十里。

十二日（11月4日）

早阴，巳刻大雪。申刻，始抵河间。住县令王纶阶处。夜，作信寄萧廉甫及其幕友端甫诸位，交纶阶尚便带去。夜半雪止。缄端甫、云乔、筱山云：津门之乐，得未曾有。数丈狂澜，陡起陡落，笑我者有之，怨我者有之，兄等用情最笃，知我最真，宁独无一言半解，以相谅耶？郁芬留于齿颊，咳唾隔以云天。回首东望，能弗怅然！别后道路泥洼，雨雪交困，四日方达河间，亦不知迁绕几何里数，销受几何闷气。前者过欢，今者过寂，环报若此，必非兄等所愿闻矣。弟半世飘篷抖擞，来直丝毫无所建白，率尔挂冠，博一斗名以去，虽风流之罪过，亦解嘲之变格，未始不足以自豪。千金虽小，云筴自能珍之，无俟琐嘱。至于奎也，翠也，我之所至，而皆不能毫发无遗憾者也。此后渺渺山河，音问莫及，尚赖诸君广庇，为我左提右挈，以匡不逮。若遽加白眼，冷热天渊，彼必有词以愬我，兄何取焉？甫卸征装，走笔奉状，后会何时，诸惟努力自爱。

十三日（11月5日）

住河间，阴。天极寒。

十四日（11月6日）

住河间，为纶阶写挂屏。昨有湖北孝感徐桂樵太守，名恕曾，自京来此，潇洒善饮，相与消客中之闷。又有王璧人太守，名佩玮，谒选入都，亦湖北人，并晤于署斋。璧人工画能诗。是日晴。拜耆松轩太守及陈二府倪大令。

十五日（11月7日）

住河间，为署中诸幕作字竟日，乱挥不计工拙，间有一二佳者。是日晴。

十六日（11月8日）

住河间，早起拜王璧臣佩玮。写挂屏二付，楹联四首。戌刻，纶阶盛设相款，备物致敬，官样甚足。未几，吴挚甫、李佛生同至自保定。挚同曾侯南还，佛送曾侯，未免过情。是日晴，夜，小雨大风。

十七日（11月9日）

住河间，晴。

十八日（11月10日）

住河间，晴。

十九日（11月11日）

住河间,晴。

二十日(11月12日)

住河间。午刻,曾侯相至,偕挚甫、佛生谒见,坐谈良久,意致肫肫。傍晚,拜河间府及丞教数处辞行。夜,与伯存久谈。是日晴。

二十一日(11月13日)

五鼓开车,六十里至献县,尖。四十里至富庄驿,宿。是日晴。

二十二日(11月14日)

五十里阜城县,尖。四十里景州,宿。是日晴。

二十三日(11月15日)

六十里德州,宿。晴。过运河。

二十四日(11月16日)

七十里恩县,尖。三十里腰站,宿。晴。

二十五日(11月17日)

六十里新店,尖。五十里茌平,宿。晴。

二十六日(11月18日)

六十里铜城驿,尖。过渡,五十里旧县,宿东阿,过黄河。晴。

二十七日(11月19日)

六十里东平州,尖。六十里汶上县,宿。晴。

二十八日(11月20日)

四十五里康村驿,尖。四十五里至济宁州,登舟。周际文及仆辈俱由水路先至,并舟而居。是日晴。

二十九日(11月21日)

申刻开船,六里泊赵村闸。晴。

三十日(11月22日)

清早开船，风色不顺，行廿馀里泊新店。晴。

闰十月

初一日（11月23日）

开船止行几里，泊南阳湖口。晴。

初二日（11月24日）

过南阳湖，至利建闸，计五十里。利建闸在独山湖口。是日晴，东风，夜雨。

初三日（11月25日）

过独山湖，风顺。行一百里至夏镇。晴。友人周际文以所录曾封公墓志铭、李太夫人七十寿序与我看，爱其文笔高古，因录之：

皇清诰封光禄大夫曾府君墓志曾侯自撰

咸丰七年二月初四日，我显考曾府君卒于湘乡里第。春秋六十有八。男国潢、国葆谨视含敛，男国藩降服，男国华自江西瑞州军营闻讣，男国荃自吉安军营闻讣，皆奔丧来归。天子广锡类之仁，赐银四百两经理丧事。闰五月初三日癸未，卜墓于二十四都周壁冲山内。从形家言，丙山壬向，去先世旧庐六里而强，去梁江新宅八里而近。国藩少长至冠，未离亲侧，读书识字，皆承府君口授。自窃禄登朝，去乡十有四年，逮待罪戎行，违晨昏者又五年。府君之至言懿行，不可得而尽识。仅从季父骥云所泣问近事，而昆弟子侄，诸姑姊妹，亦称述音容，往往而悉其述府君侍先大父疾病至难能矣。道光二十六年八月，大父病痿痹，动止不良。明年冬，疾益笃，暗不能言，即有所需，以颐使以目，求即有苦，蹙额而已。府君朝夕奉事，常先意而得之。夜视寝处，大父雅不欲频烦惊召，而宅仆殊不称意，前后溲益数，一夕六七起，府君时其将起，则进器承之。少间，又如之。听于无声，不失分寸，严寒大溲，则令他人启移手足，而身翼护之，或微沾污，辄涤除易中衣，拂动甚微，终宵惕息。明旦，则季父入侍，奉事一如府君之法。久而诸孙、孙媳、内外长幼，感化训习，争取垢污襁袴浣濯为乐，不知其有臭秽，或挽篾舆游戏庭中，各有常程。大父病凡三载有奇，府君未尝得一安枕。愈久而弥敬，是时府君年六十矣。吾曾氏世家微薄，自明以来，无以学业发名者，府君积苦力学，应有司之试十有七，始得补县学生员，不获大施，则发愤教读诸子。国藩以进士入翰林，七迁而为礼部侍郎，历官吏部、兵部、刑部、工部侍郎，遭逢两朝推恩盛典，褒封三世。曾祖讳竟希，诰封光禄大夫，曾祖妣彭氏，诰赠一品夫人。祖讳玉屏，累赠光禄大夫，祖妣王氏，累赠一品夫人。府君讳麟书，字竹亭，诰封中宪大夫，叠晋荣禄大夫、光禄大夫，妣江氏，诰封一品夫人。小子非材，微府君厚泽，曷克成立以蒙兹光显。于是泣述一二，并列刻系属敬铭诸幽，若其懿德纯行，宜传不朽者，将以俟诸知言之君子。铭曰：西望新居，东望旧庐，此焉适中，群山所都，我先人之灵，其尚妥于斯而永于斯乎？呜呼！男五人：国藩配欧阳氏；国潢监生候选县丞，配汪氏；国华监生即补同知，出继叔父骥云为嗣，配葛氏，妾欧阳氏；国荃优贡生同知职衔，配熊氏；国葆县学生，配邓氏。女四人：长适王鹏远；次适王家储，婿先卒；次适朱氏光卒，婿朱丽春；季女殇。孙八人：纪泽二品荫生，配贺氏；纪梁聘魏氏；纪鸿聘郭氏；纪渠聘朱氏；纪瑞聘江氏；纪官聘欧阳氏；纪湘聘易氏；纪淞聘王氏。孙女九人。

诰封一品太夫人李太夫人七十寿序方宗诚撰

昔八元八恺昆弟以明德著史策，虽上古极盛之时，不可多见。

然传第言其为高阳高辛氏之才子，而其为同母与否，则未有明文。惟周之八士，伯达、仲突之伦，实为一母所生，故圣门弟子记之千百载后，犹令人想象周家之盛事。盖天地精英之气，磅薄郁积既久，而后毕发于一时，又必有仁厚忠孝积德之家，其吉祥善气乃能与天地盛德之气默相感召，而后得钟毓于一门也。是固非偶然者也。然八士之生，先儒所传，或曰周成王时人，或曰宣王时人。考成王时著名卿相侯伯者，则周、召、毕、毛、君陈、吕伋，而八士无闻焉。宣王中兴，其赞襄辅弼兼将相侯伯之任者，则惟方叔、南仲、召虎、仲山甫、尹吉甫之流，亦无所谓伯达昆季其人者。意八士虽贤，殆不过为方叔、南仲等之僚佐，而犹非卓然有丰功伟烈之可传，且亦未言八士成名德时，其母尚存与否。由是推之，其家门之盛，与其母之福德，犹未有若今诰封一品夫人合肥李太夫人者也。太夫人生世德之家，幼以孝继母闻。逮归赠光禄公，又以孝敬仁慈著称族党。光禄公以甲科官刑曹，俸入甚薄。太夫人经理内政，自奉俭约，而与人有恩。居恒无疾言遽色，而教家必以礼法，御下宽而有制。光禄公好为义举，太夫人时质簪珥佐之。一门和蔼敦睦之象，整齐严肃之规，善望气者固知其家之必大昌炽也。粤贼事起，光禄公奉命出襄团练、赍志以没。时，伯子小荃中丞以拔萃为县令。仲子少荃伯相以翰林从军，太夫人时勖以忠孝成光禄公未竟之志。及狂冠益炽，蔓延江湖，南北上下数（十）〔千〕里之中。而捻逆又乘间窃发，扰中原，震畿辅。太夫人间关烽火，履险如夷。益敦促中丞及伯相暨叔子季荃观察、稚荃观察、季子幼荃都转，俱勠力治军，惟留叔子和甫观察主家政。戒之曰：尔等当忧国如家，无怀内顾之心，使我得见贼平，以上告尔先公即为孝也。中丞既佐湘乡，曾相侯留请江右之功，屏藩粤东，开府两湖两浙。伯相先运筹相侯帷幄,既克安庆,旋开府江苏,率群弟总师干底宣吴越,膺一等爵士之封,权任两江制府。复以钦差大臣督师北征,悉平捻逆,以十馀年俶扰数省逋寇,一朝歼焉。中原澄清,社稷巩固,遂膺上赏,为中兴贤相,诸弟亦皆争署首功。由是天下不惟颂圣主得贤臣,而以一门同爵,昆季之众,英才伟略,勋业烂然,远迈于周之八士。则即一门气运之昌,而卜国家中兴之运,盖未有纪极也。伯相既平寇入觐,复受命持节总督湖广。以明年二月三日为太夫人七十诞辰,爰请假便道归省。时惟中丞抚浙未归,伯相率四弟及诸子十五入朝衣戏彩,称觞上寿,极旷古未有之盛遇。而太夫人受宠若惊,处之澹然,且以盈满为戒,盛德若虚如此,其福岂有艾乎?某等从事伯相,受知最久,深悉太夫人之福,皆本于太夫人之德,有以致之。羁于官守,不获登堂献觥,惟愿中丞、伯相兄弟益砺名德,如周、召、方叔、吉甫诸人,为千古纯德之臣,不徒以功名高于一世,俾太夫人顾而乐之,颐养天年,则太夫人之福,其与国咸休也夫。谨序。

初四日(11月26日)

东南风大作,阴雨滞舟,泊微山湖中。夜雨稍大。邻舟只邓良甫,竟日聚谈,聊以解闷。

初五日(11月27日)

过微山湖,水浅。未刻至赤山,计三十五里。因俟曾侯坐船,停泊。栉沐。夜,偕吴挚甫、唐伯存、贺云舲、邓良甫晋竭侯相,坐谈颇久。旋过栗诚舟中少坐。是日晴,东南风,幸小。

初六日(11月28日)

行七十里至张庄闸即八闸经过韩庄。自韩庄过栗诚公子船,偕王叶亭手谈竟日。是日晴,无风。自赤山以下至八闸,水浅滩多,巨舟难行。明日过大风口,亦有一箭地浅滩,过此则畅行矣。

初七日（11 月 29 日）

行六十里至石拉子经过台儿庄，石拉子去台儿庄十里。上午至栗诚船，偕叶亭三人手谈。夜，答拜淮扬镇欧阳利见、徐州镇董风高，皆不遇。是日晴，东南风。

初八日（11 月 30 日）

行五十里至新河头。新河头在滩上下游十馀里，停。午，李少荃协揆家眷船北上，与曾侯家眷会于石拉子。余舟泊滩上以俟之。及至新河头，已日暮矣。邀贺麓樵先生及其侄云舫晚饭。麓樵年八十，健饭不让壮者，是其寿征。夜，过吴挚甫舟中，与云舫、聚卿、伯岑久谈。是日上午阴晴，酉刻小雨，夜雨较大。云舫以所录曾相国今夏奉命办理天津夷务出省时，书遗嘱以与两世子，内有五言古二首，携稿示我，附录于后：

善莫大于恕，德莫凶于妒。妒者妾妇行，琐琐奚比数。己拙忌人能，己塞忌人遇。己若无事功，忌人得成务。己若无党援，忌人得多助。势位苟相敌，畏逼又相恶。己无好闻望，忌人文名著。己若无子孙，忌人后嗣裕。争名日夜奔，争利东西骛。但期一身荣，不惜他人污。闻灾或欣幸，闻祸或悦豫。问渠何以然，不自知其故。尔宝神来格，高明鬼所顾。天道常好还，嫉人还自误。幽明丛诟忌，乖气相同互。重者责汝躬，轻亦减汝祚。我今告后生，悚然大觉悟。终身让人道，曾不失寸步。终身祝人善，曾不损尺布。消除忌妒心，普天霖甘露。家家获吉祥，吾亦无恐怖。

知足天地宽，贪得宇宙隘。岂无过人姿，多欲为患害。杜约每旦丰，居困常求泰。富求千乘车，贵求万钉带。未得求速偿，既得求勿坏。芬馨比椒兰，磐固方泰岱。求荣不知餍，志亢神愈忲。岁燠有时寒，日明有时晦。时来多善缘，运去生灾怪。诸福不可期，百殃纷来会。污言动招尤,举足便有碍。戚戚抱殷忧,精爽日凋瘵。矫首望八荒,乾坤一何大。安荣无遽欣,患难无遽憨。君看十人中,八九无倚赖。人穷多过我,我穷犹可耐。而况处夷途,实事生嗟忥。于世少所求,俯仰有馀快。俟命堪终古,曾不愿乎外。

初九日(12月1日)

行五十里,午刻至瑶湾,西北风,顺利。因曾侯坐船在毛儿窝滩头搁浅,我等俱泊瑶湾以俟侯舟,到已戌刻矣。下午,栗诚、叶亭、谢书亭、高聚卿诸人来余舟手谈。四更方散去。是日晴。瑶湾在造河上游四十里。

初十日(12月2日)

行九十里至宿迁县。夜,作金陵家信,报安,邮筒托少岩代交。是日晴,大西风。

十一日(12月3日)

行百二十里至众兴集,即桃源县,时将二鼓。夜,栗诚、叶亭、云舲、书亭来船手谈。三更散去。是日晴,大北风。

十二日(12月4日)

行九十里,过天飞闸,即泊闸下。去清江十馀里。偕云舲、叶亭谒曾侯。夜与栗诚、云舲、叶亭手谈,三更散去。是日晴,北风。

十三日(12月5日)

至清江停泊一天。莫仲武大使绳孙、杨豫庵大令鸿烈、李小筼刺史懋功、殷总戎宣文、曾都戎德麟来拜。夜,过莫仲武船少谈。日来略被风寒,体中不快,胸膈壅痛。二更后即寝。是日晴。

十四日(12月6日)

行百一十里至宝应县,时将二鼓,曾侯以下诸船未至,闻去此二十里之黄铺停泊。至者惟幕府薛叔耘、陈蓉斋及吴挚甫、莫仲武与余,共四船。夜,作金陵家信,交仲武附寄。早间,船户混捉县中所备纤夫,痛斥乃止。船户借此闷气,互相斗骂,泊船后仍然登岸哗噪不已。唤至舱,挥拳痛打,令船主即时将闹者四人开发另雇,然临了亦将就过去矣。是日晴,微风,二更后西北风大作,至旦不息。

十五日(12月7日)

大北风,行百二十里,西刻至高邮州。与高聚卿、唐伯存游于市,冷澹如村镇。归舟与叶亭、聚卿、伯存手谈,二更散去。曾侯舟到已晚,泊于对河,以接官亭,先有京口都统湾泊,故让之也。此老一生本事,悉自劳谦二字入手,年老恬淡益甚。阅历愈真,交际之间,靡不谦让,所谓具体而微。是日晴。

十六日(12月8日)

戌刻至扬州,计程百一十里。午间,叶亭、聚卿、伯存、直夫来船手谈。泊舟后,客至纷纷,皆谢不见,惟晤易昀黄亲家、郭国屏、程镜宇。郭为张伴山女婿,曾在山内粮(召)〔台〕当差。程为仲庠之子,仲庠亦余山内旧同事也。是日晴。

十七日(12月9日)

进城拜客,即赴魏荫亭之招。栋宇壮丽,陈设辉映,盛馔值中人一岁之食。盐务中之积习,殆从此踵事渐增矣。荫亭与唐子垣讼案相持不解,余拟至金陵时极力和解,不知能否。戌刻回船。饭后,同伯存候李眉生廉访。生客众多,谈不甚畅。是日晴。本日,何廉访杕、黎云峰华翥、金露清夫澜俱折柬相招,辞之。

十八日(12月10日)

早起进城,补拜客数处,即辞湖南会馆公约。谒许次苏夫子、昀黄亲家,再致固辞之意。归舟,偕栗诚、叶亭、书亭手谈。夜,聚卿代书亭鏖战,四更方寝。是日晴。来拜者:方子贞都转濬颐、庞

省三观察际云、叶晴轩观察宝树、黄昌岐军门翼升、卢午峰方伯定
勋、魏荫庭观察承樾、许次苏师如骏、黎云峰大使华翯、郭意防大令
国屏,皆辞之。

十九日(12 月 11 日)

至瓜洲口四十里。夜,将行李过云舲船,预备明早轮舟拖曳。
是日晴。

二十日(12 月 12 日)

轮船带本船上行,申刻至下关,计百八十里,亥刻至旱西门外,
肩舆入城。登堂拜母,步履精神皆如常,孺怀大慰。与仲弟稍谈。
四更乃寝。是日晴。

二十一日(12 月 13 日)

家居,仲弟谈及家况,知七妹一病即逝,可痛可怜。三外祖亦
逝,年将八十矣。接贺麓樵来寓,云舲亦来。夜,莫善征来,久谈。
是日晴。曾侯自舟入城。

二十二日(12 月 14 日)

未刻,率仲弟叩谒曾侯,贺接总督新任之喜。日间,接见富丽
生诚、王少岩、石东山。夜,喻觐勉总戎吉三来,久谈。是日晴,
微阴。

二十三日(12 月 15 日)

拜客一天。晴。

二十四日(12 月 16 日)

拜客半天。晴。

二十五日(12 月 17 日)

至南门外机器局,局总刘治卿佐禹引至各匠所细视一遍。是
日晴。

二十六日（12月18日）

家居。晴。

二十七日（12月19日）

谒曾侯，坐谈颇久。归寓，请莫善征作媒，为澍侄聘贺麓樵先生孙女，未刻过庚，戌刻设筵相款。是日阴，下午及夜小雨。

二十八日（12月20日）

曾栗诚来，即留小饮。夜雨。

二十九日（12月21日）

早，拜客数处。申刻，赴高聚卿之招，座客为贺麓樵、云舲、唐伯存、徐季蘅，畅饮一醉。是日阴。

十一月

初一日（12月22日）

冬至。早起，衣冠事神明、祖先。入室庆贺慈闱。戌刻，赴莫善征之招，座客为聚卿、伯存、云舲，二更后始散。老太太偶受风寒，早寝，服午时茶少许，略愈。是日阴，夜雪。

初二日（12月23日）

早起，视雪近寸，尚望再降瑞雪。老太太寒疾未愈，进表散轻清之剂，晚间略见清爽。是日阴晴。

初三日（12月24日）

老太太再进表散一剂。与麓樵先生、云林游妙相庵、昭忠祠，约高聚卿同游，先后至，不遇。冬景冷淡、纵观栋宇园亭而已。戌刻，归寓。是日晴，大风。

初四日（12月25日）

答拜贺仪仲大令廷銮,不遇。聚卿来谈,即留午饭。晚间,设馔数肴,款麓叟叔侄。是日晴。夜,写王霞轩廉访信。

初五日(12月26日)

起稍晏。饭后送麓叟登舟,并答拜城内数客。是日晴阴。

初六日(12月27日)

检点书房,清出北来行李书籍。傍晚,陈荔秋来拜。是日晴。

初七日(12月28日)

拜幕府诸公。邀荔秋来寓下榻。聚卿、伯存并来谈,二更始散。是日晴。

初八日(12月29日)

午刻,同荔秋赴黄昌岐军门之招,座客尽司道镇将,共十馀人。夜,同荔秋晋谒中堂,坐谈甚久。是日晴。

初九日(12月30日)

朱修伯京卿学勤来,精明厚实,不似浙人,谈欱许始去。午刻,同赴曾侯之招。荔秋、钱子密皆在座。曾侯晕疾复发,命劼刚世子陪饮。下午,拜客数处。归寓,陪王勇、王芝浦、白鼎臣饮。是日晴。

初十日(12月31日)

朱修伯来谈,留早饭。申刻,赴王子勇之招。是日阴,夜小雪。

十一日(1871年1月1日)

拜城内城外客一天。夜,与荔秋算出洋经费。是日晴。

十二日(1月2日)

写马谷山制军、丁雨生中丞之老太太黄太夫人挽幛。伯存来谈,留饭。下午,拜昀黄亲家、程尚斋观察。是日晴。夜,过善征久谈,昀黄在座。

十三日(1月3日)

吊马制军之丧。顺拜程敬之观察。夜,作浏阳家信。是日晴。

十四日(1月4日)

早起,拜孙勤西观察衣言,郑卓生军门龙彪。午刻,赴郑卓生之招。酉刻,偕荔秋谒曾侯。是日晴。勤西雅练,卓生雄伟,皆佳品也。

十五日(1月5日)

早起,祀神明、祖先。入慈闱庆贺。有广东人容(宾)〔莼〕甫刺史闳,自上海来商办洋务,留寓中畅谈半日,颇觉明快,然不若荔秋之正也。申刻,赴袁笃臣之招。夜,过善征及昀黄谈,四鼓归寓。是日阴。

十六日(1月6日)

先大人六十八岁冥寿,设馔致祭。午后拜客二三处。曾劼刚兄弟邀至市中闲步,即过署中夜饭,得晤李季荃观察。夜,为栗诚、协亭拉至银钱所李直夫处手谈。二更归寓。是日阴晴,夜月食。

十七日(1月7日)

巳刻,王少岩来,遂偕易昀黄、陈荔秋、容莼甫走谒府学宫墙,昔为朝天宫旧址,克复金陵之次年改造夫子庙堂,规模阔大,他省莫能及也。便过少岩午饭。傍晚回寓。是日晴。

十八日(1月8日)

上午,清检函牍。下午,偕荔秋等闲步市中,在广源洋货店晚饭。夜,清完函牍,乃寝。是日晴,夜小雨。

十九日(1月9日)

闲处寓斋。晴。

二十日(1月10日)

早起,拜客五处,皆未晤。申刻,邀程尚斋、易昀黄、柯受丹饮。是日晴。

二十一日(1月11日)

阴雨。未出门。有寒疾,晚服表散之剂。

二十二日(1月12日)

上午,拜客二处。申刻,晋谒曾侯,劼刚留饭。夜大雨,昼阴。丁雨生中丞奉其太夫人灵柩至下关。

二十三日(1月13日)

与陈荔秋往丁中丞舟中吊唁。清早出水西门,登小舟,水涸筏塞,不得过。午刻返寓,饭。雇肩舆出仪凤门往吊,中丞伏地号哭,且勖余力助曾侯治江南,余应之,慰藉而退。宿江干救生局,与善征同榻卧。是日阴。

二十四日(1月14日)

早起,尾司道后送丁中丞。中丞哭益哀,仍极意慰之。退,府县留在救生局早饭。顺拜王雨轩观察必昌于下关盐局。入城拜客一处。适昀黄来寓,留与久谈。夜,过昀黄谈。是日阴。

二十五日(1月15日)

晴。

二十六日(1月16日)

早起,拜司道府县,皆不遇。饭后,偕荔秋游书肆数处,购《经世文编》一册。是日晴。

二十七日(1月17日)

理《文编》卷叶。下午,拜客三处。夜,伯存来谈。是日晴。

二十八日(1月18日)

晴。

二十九日（1 月 19 日）

拜客二三处。栉沐。善征来谈，以碑帖数分送之，并以一分送
畇黄。荔秋谒辞曾侯。返谓，侯答陈作梅信有云：勉林一极好帮
手，惟虚而无薄，欲行奏调，又难于著笔，深恐闲暇此才，负其伟抱
等语。噫！侯之知我遇我，可谓异数矣。然不肯遽行冀调，盖犹不
免瞻顾之意，抑我之坎坷未净，听之可也。良相为朝廷用人而又恐
朝廷拘例，亦中枢用事未能尽相信耶。傍晚，偕荔秋过伯存谈。是
日晴。

三十日（1 月 20 日）

接见客两次。下午，过善征饮，荔秋、畇黄、王子勇、李竹崖在
座。是日晴。

十二月

初一日（1 月 21 日）

早起，事神明、祖先。庆贺慈闱。作安庆大通友人回信三封。
是日阴。

初二日（1 月 22 日）

以寒疾服表药。夜，同荔秋至评事街广源洋货店。是日阴晴，
大西北风。

初三日（1 月 23 日）

荔秋下船回上海机器局。下午，伯存来谈。栗诚、协亭偕一张
一王来谈。旋同至市肆一游。是日晴。

初四日（1 月 24 日）

清《史》、《汉》卷叶。下午，至栗诚、劼刚谈，晚饭方归。是

日晴。

初五日（1月25日）

清书籍。夜，访莫子偲久谈。是日晴。

初六日（1月26日）

下午，晋谒曾侯，面递邓、黎、邓三人劣迹手摺，谈论甚久。出，至王叶亭斋中，与栗诚及王瑞堂手谈。傍晚归。是日晴。

初七日（1月27日）

拜客一天，入坐者数处，得晤郎少唐先生之次子名朝栋者。是日晴。

初八日（1月28日）

下午，拜客三处。旋至善征、昀黄处畅谈，即留晚饭，归寓已子初矣。是日晴。

初九日（1月29日）

理书籍。夜，伯存、聚卿来谈。是日晴。

初十日（1月30日）

理书籍。何丹臣自湖口来。申刻，偕伯存出水西门访聚卿舟中。聚卿新纳妾，令其出拜。是日晴。

十一日（1月31日）

请聚卿、伯存、丹臣、潘彬如早饭。饭毕理书籍。酉刻，过内银钱所晚饭，潘、李为聚卿饯行也。二更归寓。理书至子刻。是日阴。午间，彭笛仙自巢县来谈，炊许始去。

十二日（2月1日）

理书籍。请笛仙、伯存夜饭。是日，早阴小雨，晏晴。

十三日（2月2日）

答拜彭笛仙、何丹臣，谈俱久。是日晴。

十四日（2月3日）

理书籍。冯竹儒来。是日晴。

十五日（2月4日）

立春。早起，衣冠拜神明、祖先。偕仲弟子侄叩贺慈闱。上午理书。申刻，过善征饭，座客有杨仲乾、王子勇、傅丽生、易畇黄、何丹臣。夜与畇、丹、善畅谈。四更寝，与畇黄同榻。是日早晴，辰刻至夜大雨不歇。南中有立春宜晴之说，而此雨沾逗旱田，菜麦有益，当作霖雨观。

十六日（2月5日）

早，归寓。饭后理书。傍晚桂芗亭来。是日，早晨毛雨，晏阴晴。

十七日（2月6日）

上午理书。申刻，王子勇为杨仲乾饯行，邀余与傅丽生陪之。仲乾以学者自负，然不爱读书，宗宋学之最下者也。是日晴。

十七日（2月6日）

校《经世文编》新本讹误者。夜，伯存来谈。是日，早雪约三四分。晏晴。

十八日（2月7日）

晴。复上海陈荔秋信。

十九日（2月8日）

巳刻，过劼刚久谈。又与栗诚、协亭、王瑞臣手谈，归寓将晚。是日晴。

二十日（2月9日）

答拜曹安洲世叔光洛、金逸亭观察国琛、王少岩。是日晴。

二十一日（2月10日）

作禀上李少荃中堂,请续〔假〕两个月,灯下写就。是日晴。

二十二日(2月11日)

作江良臣信。傍晚,昀黄、丹臣来谈,邀至善征处,四人手谈,五更乃散。与善征同榻卧。是日晴。

二十三日(2月12日)

将午归寓。王子勇、云晦如先后来拜,皆晤谈半晌。慈闱有寒疾,进小柴胡汤加桂枝一剂,夜稍清醒。是日阴。二更小雨,三更渐大,达旦。

二十四日(2月13日)

慈闱仍进原药。作各处友人回信,三更乃寝。下午,衣冠送浚儿婚期明年三月十九午时合卺至江宁县署,邀媒人莫善征同送交易昀黄,谈半晌乃归。是日雨。

二十五日(2月14日)

早起祀祖考、妣。祖考九十七岁冥诞也。作罗丹序译嶂、魏温云纶先信。慈闱换祛风之剂,专治头晕,颇效。是日阴晴。

二十六日(2月15日)

未刻,晋谒曾侯,谈公事甚久。病亦痊愈矣。夜,过善征,与昀黄、丹臣手谈至五更,与善征共榻卧。是日阴晴。

二十七日(2月16日)

巳刻归寓。写年对数件。邀子偲、昀黄、丹臣、伯存夜饭。善征以接差不至。是日阴,酉刻雪。

二十八日(2月17日)

辰刻,写祖先位、灶神位。命浚儿检拾厅屋内外。午刻栉沐。下午作禀上曾侯,请提用山内粮台三万六千馀金之寄存金陵粮台者,防干没也。黎莼斋以洋蚨三十元寄送慈闱,其意可感,受之不辞。戌刻,钱楚昌回自江西。接得贺云舲信。是日阴。

二十九日(2月18日)

巳刻,偕畇黄、丹臣、伯存及仲弟赴督署,曾侯例不除夕见客,坐劼刚斋中,一时即归。祀神毕。晚饭,家乡谓之团年,客中一切如之。夜,偕弟率子侄叩贺慈闱。亥刻寝。是日阴晴。

同治十年辛未(1871 年)

正 月

元 日(2 月 19 日)

丑刻起,沐。偕仲弟祀神明、祖先。寅刻,赴督辕叩谒曾侯,并拜幕府各位,归寓早饭。再出门拜客,申刻归寓。稍寝。是日阴晴,极冻,而气象清爽,将觇太平。

初二日(2 月 20 日)

早起,出门拜年十馀处,皆不晤。巳刻回寓,设馔祀神毕。饭后仍出门拜年。酉刻方归。是日阴晴,酉刻雪,夜俱不大。

初三日(2 月 21 日)

竟日时霏雪,不及寸。予不出门,命儿侄至郎师家及莫家拜年。

初四日(2 月 22 日)

午刻出门,拜客数处。晤劼刚,言余冀调事,如不便措词,则不必调请,以此意上达侯相,不尽人欢之意也。申刻归寓。夜,观书数篇。是日阴,微雨。闻直隶清河道费幼亭开缺,陈作梅请补。作梅不辞而被争夺之谤,李相不察而蹈私人之嫌,用人与为人用者当戒之。

初五日(2 月 23 日)

作安徽各盐局贺年回信。夜，观书数篇。是日阴，早间微雪，夜星见。

初六日（2 月 24 日）

早起，拜客数处，已刻归寓。竟日观书。下午，黎莼斋来，闲谈甚久。是日晴。

初七日（2 月 25 日）

居斋观书。是日晴。人日晴明，疾疫不作。

初八日（2 月 26 日）

早起，出水西门拜客数处，皆不遇。申刻，请莫子偲、黎莼斋、易畇黄、何丹臣、傅丽生、唐伯存晚饭。亥刻，偕畇、丹过善征手谈，五更乃寝。与畇黄共榻。是日晴。

初九日（2 月 27 日）

早，与黎莼斋久谈。午刻归寓。夜看《通鉴》二十馀叶。是日晴。

初十日（2 月 28 日）

午刻，拜客数处。顺过江宁县，莫善征晚饭，座客连主人共九人。二更归，时西街糯米巷方失火，闻日间大板巷亦火，登时扑灭。是日晴。

十一日（3 月 1 日）

家居。作上海陈荔秋、江西贺云林信。是日晴。早饭请刘佩香、莫仲武等。

十二日（3 月 2 日）

作大通、汉口信。是日晴。

十三日（3 月 3 日）

早，请谢旭亭煜，湖北人，督署监印。为慈闱诊脉，开方：酒炒当归五钱,酒炒白芍三钱,桂枝一钱,细辛三分,天麻一钱五分,羌活五分,芥子八分,苏子八分,生姜一大片。谓慈体气血亏,将来须配丸药。第一要顾脾胃,不必用熟地云云。即留早饭。午刻,出西门拜客数处,仅晤郑卓生总戎一谈。申刻,栉沐。是日晴。

十四日(3月4日)

早,丹臣来辞,留饭。以仕直劝我,声泪俱下,故人爱我,我甚愧之。午刻,拜客数处,唯晤丹臣。是日晴,夜大风。

十五日(3月5日)

早起,熏沐。祀神明、祖先。朝慈闱庆贺。见客两班,皆祁门、大通旧属。申刻邀饭。戌刻昀黄、丹臣、善征促往手谈,四更乃罢。与昀黄同榻。是日上午晴,下午阴。

十六日(3月6日)

辰刻返寓。饭后,出门拜客,仅晤胡瑞若于全福巷连升栈。未刻,少睡。是日阴。

十七日(3月7日)

家居读《通鉴》。夜邀龚子颐、王彬园、张静斋手谈。是日晴。

十八日(3月8日)

午刻,赴石东山观察楷之招,同席为陈子□观察□□、桂香亭观察嵩庆、王少岩、王彬园。与桂拇战不胜。夜与子颐、彬园、静斋手谈。是日阴晴,夜雨。

十九日(3月9日)

卯刻,赴制府贺抱孙之喜,劼刚世子初得男也。辞不见。传谕将委仲弟接办祁门茶局,归与仲弟商,意颇不欲。明日当谒而辞之。申刻,请叶医诊母病。案云:本原木旺土虚,兼之风袭肺经未散,时嗽夹痰,左脉弦滑,右尺细软无神,肝胃不和,法宜平肝祛风,调胃化痰。方用:炒壳芽三钱,陈皮一钱五分,煅决明三钱,建曲一钱五分,蝉衣一钱五分,炒白芍二钱,茯苓三钱,桔梗一钱二分,炙僵蚕一钱五分,土炒当归身三钱,苏梗一钱五分,豆蔻壳七分,金桔叶七片。连夜进一剂。是日阴,夜小雨,亥刻以后大雨电。

二十日(3月10日)

作叔、季弟书,程尚斋书。拟遣饶楚昌赴汉口,探问弟舟行抵何处。母病仍进昨方,尚属平稳。申刻,晋谒曾侯,谕日内为我奏调。仲弟祁门之差,未能辞。是日阴,酉刻小雨。

二十一日(3月11日)

未刻,勒少仲观察方锜来拜,谈论甚久。并言祁门茶局可办,岁抽三万引,引得公费银四分,足了局用。又谈魏荫亭、唐子恒讼案宜和,与余同见,而荫亭之对余劝和,亦大可怪矣。申刻,请叶医为母诊脉,更方。案云:肺风略解,时咳痰结,因中夹肝郁不畅,脉滑而弦软,仍当化痰宣中健胃,佐以舒解。方用:毛桔红七分,法半夏一钱五分,甜杏仁一钱五分,当归身一钱二分,黄郁金一钱二分,建曲一钱五分,蔻仁壳六分,蛤粉一钱二分,桔梗一钱二分,佩兰梗一钱,焦苡米三钱,炒白芍一钱五分,谷芽五钱,茯苓三钱,红枣一枚。即进一剂。是日阴,夜雨稍大。

二十二日(3月12日)

母病仍服昨方,添手足心潮热,或亦东风发湿,气候不爽所致。巳刻,吴桐云观察大廷来。未刻,答拜桐云、少仲。命儿侄开检书箱,陈之架上。是日阴雨,夜,更大不歇。

二十三日(3月13日)

读《通鉴》。母病未愈,仍请叶医诊视。案云:脾阳不运,积痰困于肺胃,气机不宣,脉滑而软,血气两亏,宜固肺化痰,舒解清补

为主。方用:北条参二钱,化桔红七分,苏梗一钱,干首乌二钱,肥玉
烛一钱五分,炒白芍一钱五分,生芪皮一钱,炒山药二钱,炒於术二钱,
青盐陈皮一钱五分,茯苓三钱,地骨皮一钱五分,炒壳芽六钱,陈香橼
皮五分。此方似夹杂,但不克伐,试进一剂。申刻,接七、十弟去腊
家信,尚未动身东下,徒令慈闱日日望之。当以一缄责之。二十日
所作家信及尚斋信,未发。是日,沉阴大雨。仲弟奉曾侯密札,查
长江水师弊窦,颇觉费手。令仲弟明早谒侯请示。

二十四日(3 月 14 日)

母疾,仍服昨方,平平。作贺芸苓信一,浏阳家信二。母命以
三侄昌湛继十弟,信内及之。是日阴晴。

二十五日(3 月 15 日)

自拟药方调理母恙。当服一剂。方用:潞党参三钱,炒祁术二
钱,茯苓二钱,桔红六分,贝母一钱五分,桔梗一钱五分,紫苑八分,甘草
七分,炒白芍七分。专取理脾祛痰,似较叶方更稳。未刻,访畇黄于
江宁县署,改浚儿婚期五月十九,与善征稍谈乃归。申刻,吊仪征
县倪镜帆人涵母丧。是日阴,夜小雨。

二十六日(3 月 16 日)

母亲仍服昨方,痰咳颇轻。魏荫廷及其子温云来,劝其与唐和
讼,尚未允许。申刻,答拜,再劝之。夜,桂香亭来,亦为魏事。是
日阴雨。

二十七日(3 月 17 日)

贺栗诚公子生子。即与劼刚、桂香亭、曾善长国纲酌议魏、唐
息讼之法。下午,过香亭再苦口劝荫廷父子不必再控。香亭留饭,
席间痛说多端,荫廷似有转机,不似其子之驽黠不通也。夜,奉李
少荃中堂批续假禀,欲我假满回直,兼及迎养道途,何其属望之殷。

是日阴,小雨,夜大雨。

二十八日(3月18日)

早起,赴黄昌岐军门之招,有魏荫廷、桂香亭、曾善长国纲。所谈总魏、唐讼事,唇焦舌敝,尚恐不谐,只好听之。归途顺拜叶晋卿观察宝树。申刻,栉沐。夜,读《通鉴》。是日阴晴。

二十九日(3月19日)

早起,出水西门答拜曾善长。魏荫亭已解缆回扬去。酉刻,曾侯传见,以奏留我江南疏稿示我,并谈仲弟查长江甚详。是日晴。郑小山尚书启程回京。

三十日(3月20日)

请王子蕃大令鸿训诊母病。按云:六脉安静,惟胆有动意。诸脉沉实,惟肺气较虚,肺虚则中气必虚,法宜降胆益肺兼利湿以扶中,拟方如左:潞党参四钱,祁术三钱,茯苓四钱,酒芍三钱,炙草一钱五分,生姜三钱,广桔红二钱,细辛一钱,五味五分。服半剂,尚平稳。申刻,赴梅小岩方伯之招,座客黄昌岐军门,王晓莲、桂香亭两观察。主人劝酢甚殷,不觉过醉。是日晴。

录曾中堂片

奏:再,准补直隶大名府知府李兴锐,经臣于八年十一月在直隶总督任内奏补是缺,尚未到任。九年正月委赴畿南一带办理赈务,厘剔弊端,涓滴归公。四月间办竣。旋即给咨进京引见。出都后,本拟檄饬赴任,适该员接到家信,其母在江宁寓所抱病甚剧。据禀:方寸瞀乱,万难任事,坚求回南省亲。臣以其至性过人,未便强留,李鸿章接其禀牍,勉徇其请,给假四月,朝夕奉养,不离左右。现在假期早满,母病未痊,欲赴任则母子相依,不忍言一日之别;欲迎养则程途太远,断难任旱道之劳;欲调回两江,则以奏调补缺人员,复为改省另补之请,不特与部中定章不符,亦且与该员本意相背。在该员淡于荣利,辞职奉亲,绝无丝毫之恋。而臣察看该员,果毅笃诚,廉而有为。自军营相从至今,十有四年,前后一辙,实属不可多得之才。若竟令其投闲置散,未免人材可惜。再四踌躇,该员既不能北行,员缺又未便久悬。合无仰恳天恩,俯准大名府知府李兴锐开缺留于两江,酌量差委,俾该员稍遂返哺之私,臣亦藉收得人之效,出自○○○逾格恩施。谨附片陈请,伏乞圣鉴,训示。谨奏。

二　月

初一日(3月21日)

早起浣沐,事神明、祖先。朝母。傍晚,杨方山若锦、龚熙亭定沄,自安徽来谈大通盐务颇详。是日晴。

初二日(3月22日)

拜王子蕃大令,为母亲斟酌药方,减去细辛三分。傍晚,访畇黄、善征,谈至二更乃返。是日晴。

初三日(3月23日)

令仆辈治圃大门外,时亲视之。母病服前方。下午,忽又壮热烦闷,或系午间吃面,脾胃不相宜之故。是日晴。

初四日(3月24日)

母病服原药。作直隶保定府恩云峰、河间县王纶阶及蒋观察回信,发驿。午刻,魏召亭来谈荫亭讼事甚久。所见亦偏执,与荫亭同。申刻,答拜不遇。是日晴,

初五日(3月25日)

请王子蕃再诊母病。案云:左三部甚平,无病之象,右三部较前沉细,脾脉尤甚,乃中虚上不运化,故有哺热之症,法宜温中。方用:白块苓四钱、炙草二钱、祁术三钱、干姜片一钱、丽参一钱五分、寸冬二钱五分。下午,进半剂,而手足潮热,烦闷气促较昨日更甚,或于姜辛温太过耶?徽州府何秩九家聪、顾竹椒司马济来。傍晚答拜。是日晴。

初六日(3月26日)

母病以昨方加炒栀仁二钱,炒知母一钱五分,丹皮二钱,进一剂,平稳。读《通鉴》。遣仆张福去,笨而懒,又学坏样,故遣之。是日晴。

初七日(3月27日)

母病服旧方。早饭后,拜客三处。与欧阳小岑久谈。下午,奉曾侯行知奏留两江片稿。是日晴。

初八日(3月28日)

请石东山、魏召亭、顾竹椒、易昀黄早饭。饭后,偕竹椒、昀黄游街市,买小水龙、寒暑表以归。夜,作荔秋回信,言洋务计六篇。是日晴。母病仍服原方。

初九日(3月29日)

已刻,顾竹椒来谈甚久,所述皖省官场糟矣,可叹!申刻,答拜刘观察瑞芬。过廖锦春直刺献廷饭。母亲仍服原方,甚效。是日晴。

初十日(3月30日)

早起,出水西门拜客。进旱西门至报销局,与王少岩久谈。又至状元境拜孙少堂观察士达,出机关图洋务条呈,论说精析。午刻,张屺堂观察富年之招。座客黄昌岐军门、田军门在田、杨、桂两观察。饮薄醉。是日晴。母亲仍服原药,渐愈。

十一日(3月31日)

母病服原药,稍效。下午,忽又发寒发热,热多寒少,似疟非疟,急进小柴胡汤一剂。仲弟奉密查长江之札,本日启程出下关,搭轮船先赴汉口、岳州一带密查。是日晴,大西南风。

十二日(4月1日)

母病较昨夜略轻,而潮热之后颇形困倦,仍进小柴胡汤一剂,午后稍稍清爽。唐伯存来谈。未刻栉沐。申刻,仲弟自下关来信,卯刻搭洋船上行。是日晴。王子蕃请午饭,辞之。读《通鉴》三十叶。

十三日(4月2日)

母恙已不药。巳刻,赴王少岩之招,座客桂香亭、石东山,申刻方散。答拜员外郎雷其蔚西园次子及唐子垣光昱、熊午亭焕南,傍晚归寓。夜读《通鉴》。是日晴。仆刘晟来,唐伯存所荐。

十四日(4月3日)

接见副将卓延龄,广东人,及同邑熊云臣刺史庆澜之次子首棠。卓为捐洋枪千枝。熊为其父领恤银。明日当谒曾侯代言之。傍晚,过善征谈。是日晴。

十五日(4月4日)

早起,衣冠祀神明、祖先。朝母称贺。午刻,晋谒曾侯,坐谈甚久。并为熊首棠领内银钱所恤银二百元。论及皖抚某公做寿,余痛言方伯某不良,亦欲侯乘便训诫耳。傍晚,奉曾侯札,委办营务处稽查水陆兵勇及各处厘卡。夜,过善征、昀黄谈。是日晴。

十六日(4月5日)

早起,上院谢委,因曾侯体不快,未奉见。至劼刚处久谈。又至湖南会馆拜客三处。午刻,回寓早饭。未刻,赴袁笃臣观察之招,座客桂香亭、杨子沐、洪琴西、桂履贞太守中行、江宁府蒯子范鹤林。夜,伯存来谈。是日阴晴,夜雨。

十七日(4月6日)

辰刻,接十弟信,由浏阳东来,舟抵采石矶阻风云云。申刻,又接七弟自浏阳寄书报安,并劝余续娶。续娶颇难,买妾或可耳。至旱西门牛市评事街拜客。是日晴。

十八日(4月7日)

曾侯阅开花炮。余早起趋仪凤门。巳初,曾侯至。营哨演炮数番,火器之利,无逾于此。午刻,随侯过河至下关营盘,遍阅大小机器。营官刘禹门留饭。未刻归。接见田、王二客。田名在田、王名廷桂。傍晚季弟及萧、陈两先生至。是日晴。

十九日(4月8日)

竟日接见宾客。夜与润生、星轩谈至三更。是日晴。

二十日(4月9日)

巳刻,晋谒曾侯,适魁将军往拜,因未能畅谈一切。出,拜别客数处。归寓,奉令审芜湖盗案之札,以信商江宁府蒯子范。昀黄来,留晚饭。是日晴。

二十一日(4月10日)

拜客一天。闻安徽建平县之定埠,土匪起事。该埠厘局禀报,似涉张皇。曾侯派刘佩香镇军启发先往查办。委任得人矣。傍晚,奉曾侯札,委履勘苏州水师改章一案,事颇重大,措置费力。夜与萧、陈两西席谈至子刻。是日晴。

二十二日(4月11日)

早,见客一次。送儿侄入馆读书。饭后,拜新兵王营。晚饭宴萧、陈两师,昀黄作陪。夜,作仲弟信,浏阳家信,托昀黄带交。是日晴。

二十三日(4 月 12 日)

巳刻,随洪琴西、王少言诸公祭钱马谷山制军。未刻,谒曾侯,请示查勘江苏水师事宜。申刻,赴杨子沐观察之招。是日晴。夜,水西门大街不戒于火。

二十四日(4 月 13 日)

拜客数处。申刻,请客一席。是日晴。昀黄行,回湘。

二十五日(4 月 14 日)

送马制军灵柩出水西门登舟,自曾侯以下皆步行送。街道皆设路祭。观者如堵。余与善征公钱于坊口。在水西门官厅遇勒少仲,谈唐子垣、魏荫亭讼事甚详。午后拜客二处。是日晴,早阴云四起,雷而不雨。

二十六日(4 月 15 日)

见客两次。细阅曾侯发下江苏水师章程,要者摘抄,以便查对。建平来信,土匪已剿捕毕矣。此事幸未依某某张皇之计。是日阴,大风。

二十七日(4 月 16 日)

拜客数处。傍晚,桂香亭、吴朝杰家榜,瓜洲总兵来,商和唐、魏讼事。夜过善征久谈。是日上午阴,下午雨,惜未深透。

二十八日(4 月 17 日)

为唐、魏讼事劝和,劳扰一天,稍有眉目。是日晴。

二十九日(4 月 18 日)

邀唐子垣写和息。是日晴,夜雷、小雨,子刻大雷,倾盆大雨,甘澍慰民。

三十日(4月19日)

早起,至督署祝曾相国夫人寿。又至幕府商和唐、魏息讼字约。饭后,出旱西门拜客。又谒梅小岩方伯,久谈。是日阴晴。

三 月

初一日(4月20日)

早起祀神明、祖先。朝母。午刻,谒曾侯,辞。拜客至晚。归寓料检诸事。是日晴,夜小雨。

初二日(4月21日)

作仲弟、尚斋、荔秋信。检点行李。下午拜客数处。是日甘雨竟日。

初三日(4月22日)

饭后辞慈闱。午刻,出水西门登舟解缆,行三十五里,至燕子矶停泊。偕许凤仪登矶上亭,亭有乾隆御碑,四望空阔,倚山带江,亭下市店数十家。二月初九,不戒于火,烧夷过半,尚未一律修复。今春正阳关、芜湖、金陵城内,屡次失火。正阳烧二千馀家,他或数百家,或数十家。乱后有此,残黎可悯。是日阴,西北风。

初四日(4月23日)

早,开船过江,风色不顺,行三十五里泊华子口港内。下午雨,夜,大风兼雨。

初五日(4月24日)

大风雨竟日,滞舟华子口,使人恼闷。作江良臣、刘毅斋复信。与许凤仪弈。午刻,苏抚张子青中丞自苏赴宁,小轮船曳坐船,风大不敢行,入口停泊。过舟拜谒。论江苏淮阳镇兵制甚详。然不少主张,一说丁中丞未殿撰,清贵一流,却无富贵气焰。

初六日（4月25日）

阴晴,风略小,舟仍不可行。卓寿朋副戎延龄、蔡崇光司马桂湄,俱广东人,来访。欲为余至镇江觅搭上海轮船,意甚殷勤。夜,大风,亥刻以后,狂风暴雨达旦,寝不成寐。

初七日（4月26日）

风雨住。华子口饮炙。夜读《通鉴》数叶。

初八日（4月27日）

早开船,未刻至瓜洲,计百一十里只九十里。拜瓜洲总兵吴朝杰家榜,并接桂香亭留信,魏家讼事尚不合拍就和。余此来本拟至扬州一行,即借吴舢板船,夜半至扬。晤魏公子纶先,宿其处,议论固不合也。是日阴。

初九日（4月28日）

早出扬城,登舟。舟主汪东山,实缺外委,款早饭。午刻,至瓜洲,拜朝杰,强留饭,盛设厚醉。拜谭游击鸿声。顺便看淞南营扎盐城。舢板异冷,灶无烟。章程不早定,口粮无著,固宜如此。归舟将晚。接见淞南营哨官张把总鹤鸣、都司实缺千总熊中元、把总龚寿康、把总阎栋梁、把总尤俊华。日夜放舟七濠口,计十里。朝杰仍以汪东山舢板随行。是日晴。

初十日（4月29日）

淞南营守备黄彭庚来见,人尚朴实。作吴朝杰回信,对调守备事。〔作〕梅小岩方伯、曾劼刚世子信,唐、魏事。申刻,上海马□轮船。夜半抵狼山口,停轮。是日晴。

十一日（4月30日）

天明开轮,未初抵上海。两岸洋行、洋楼,错杂辉映,不辨华夷，他处罕见。登岸寓北关恒安客栈。拜吴桐云及机器局冯竹儒、陈荔秋、郑玉生。冯留饭。亥刻归寓。是日晴，傍晚小雨。

十二日（5 月 1 日）

雇苏河船曰无锡快。饭后登舟。卓延龄、蔡崇光送至舟中。蔡更以洋酒果相馈。早间，作金陵平安家信。栉沐。是日上午雷雨，下午阴，小雨。

十三日（5 月 2 日）

早起开船，行九十馀里至泗江口，停泊泗江口。为昆山、青浦、嘉定三县交界之处。有厘卡一，为吴淞分卡。是日晴。

十四日（5 月 3 日）

行百里至元和县之唯亭。晴，夜小雨。

十五日（5 月 4 日）

巳刻，至苏州娄门外唯亭，至此三十六里。即刻走谒李质堂军门朝斌，已于早间出巡淞江，晤其巡捕熊炳南号鉴堂、幕府魏盘仲彦。是日晴，夜雨。

十六日（5 月 5 日）

起晏。下午搬住阊门内湖南会馆。会馆近年新构，尚觉整齐。曾仰阶直刺广熙、魏半农大令晦先主之，周和春为副。夜，弈棋一盘。洗足乃寝。是日大雨不止。

十七日（5 月 6 日）

巳刻，雇小舟行看太湖水师。既晚，尚隔二十里停泊，地名黄泾。四更开，五更到东洞庭山。是日阴，甚暖。

十八日（5 月 7 日）

饭后，步行拜太湖水师右营营官花都司，名彪，号虎卿。细询左右两营分汛巡防事宜。语言清白而情形似生疏，以肩舆送余回舟。

旋派两舢板来护卫,却之。又为左营副将田名魁备水礼八色送余,仅受山茶二包。时副将方带兵防溧阳南渡也。又折柬请酒,亦却之。哨官十馀人来见,以舟小辞。左右两营营制大致无须更张,惟新拟东洞庭山、马迹山共岗陆汛兵百名,外委二人,尚须酌请帅示。是日上午雷、大雨,下午大雨。

十九日(5月8日)

早起开船。既明,大雨,稍泊。是日大雨竟日,上午雷。时开时泊,未刻抵虎庄系缆。距东洞庭约三四十里,地名大村。有太湖营两舢板随行。夜大风,凉爽。

二十日(5月9日)

五更开船,午刻回苏,仍寓会馆。同乡曾仰阶、魏半农、魏亦农晈光,半农胞兄、吴云麓朝农来拜。旋即答拜。是日大风,新晴。

二十一日(5月10日)

辰刻,正前营营官李质庭镇军新燕来拜。人亦精明,与谈水师,能道一二,官气稍重耳。黎莼斋来,一谈即去。午刻,出葑门黄停荡,答拜李质亭。申刻,拜李质堂军门,略谈水师事宜,若有不乐于举办之意。然此为提督专政,无可推也。留便饭,戌刻返寓。是日晴。

二十二日(5月11日)

应敏斋方伯宝时、李质堂军门先后来商水师营制。应谓难于整顿。李极意整顿,而稍拘成见。未刻,答拜敏斋,以新旧条款与看,俟下次见面,即定议也。戌刻,过曾仰阶饮,座客皆同乡,尽欢过醉。是日雷雨时作,申刻狂风大雨。

二十三日(5月12日)

晏起。饭后,拜客二处。赴李质堂军门午刻之招,座客:应敏斋、贾云卿廉访益谦、何子永中翰慎修,席间谈水师营制,各持一说,可见大政之难,而通达权变之才不多得也。质有帅体,欠帅识,江苏海防匪其所任。晚,归寓即寝。是日阴雨。

二十四日(5月13日)

栉沐。午刻,拜应敏斋及新藩台恩、首府李徽生、蒋莼卿观察。戌刻,魏亦农昆仲邀饭,饮至亥刻始散。是日阴雨。

二十五日(5月14日)

拜客一天。在李质堂处夜饭。二鼓归寓。是日阴晴。

二十六日(5月15日)

早起,晋谒抚台张子青先生。巳刻入见。下午,作中堂禀及家信。是日晴。

二十七日(5月16日)

早,至胥门下船,解缆,未刻至吴江县,计四十里。拜黎莼斋,并拜其母。莼斋留夜饭,谈至亥刻回船。是日晴。

二十八日(5月17日)

住吴江。与莼斋畅谈竟日。下午,作金陵家信,交莼斋代寄,并以买妾托莼斋。是日晴。

二十九日(5月18日)

早,开船越庞山湖、同黑湖、滕村湖、周庄荡,计四十五里,至周庄镇,即淞南营建署之所。店铺数十,支港纷歧,近接淀山湖面,颇称要害。是日晴。

四 月

初一日(5月19日)

早,开船,过淀山湖,湖面十馀里,取道青浦县,出泗江口,至黄渡镇,约行八十里。夜,有周兆禧持刺来,问,云是曾侯幕府周迈云之子。

初二日(5月20日)

行八十里至上海。拜涂朗轩观察,留署晚饭。夜,拜吴桐云,商以轮船送余赴崇明、福山、狼山。谈公事约两时。是日晴。

初三日(5月21日)

接金陵家信二封,报安,并谭敬甫自都中来信,代捐二级。饭后,复乘小舟访荔秋、竹儒于机器局,畅谈半天。略观局中制造,及〔访〕广方言馆徐君。电线、小机器,皆异物也。酉刻,赴吴桐云之招,座客涂朗轩、冯树堂、王瑞臣。是日晴,

极暖。夜大风雨。

初四日(5月22日)

拜客一天。容纯甫阌留晚饭。夜,至金桂园观剧。是日阴雨。

初五日(5月23日)

早起归寓,接见宾客。午刻,过湖州轮船,另从吴淞口调八团舢板一只与书办坐,预备出洋。下午,赴机器局,荔秋引与遍观机器,宿于局中。与荔秋、竹斋、玉生剧谈。是日晴。

初六日(5月24日)

辰刻,自机器局回船,答拜外海艇船五位。未刻开轮,申刻至吴淞口,计水路四十里。狼山总镇王百禄名吉来,以次接见外海、内洋营哨官。旋答拜王百禄,即留晚饭,谈论水师事宜。亥刻归船。是日阴晴。

初七日(5月25日)

住吴淞口,答拜众客。与柏禄往返商公事。是日阴雨。

初八日(5月26日)

早起,开轮涉洋面,西行八九十里,距崇明二十里耳崇明在正北,潮落不能过沙而北,停泊海中以候晚潮。未刻,滕茂亭镇军嗣林坐小舟自崇明来,云:初间系小信,潮至亦不能过沙,每月十三至十八大信,水肥,馀日系小信。不如折回东南水深处闯行,行至崇宝沙尾,再折而西,而北,由新开河傍老岸以达港口,免至停泊海中,大风一起,进退两难。依其说,开轮南向,果无阻浅之处。申刻至崇明港口停轮,即肩舆上岸。茂亭预备执事迎接。至镇署接见知县林海岩达泉,广东人及镇标将弁。茂亭留饭,并宿。夜,谈水师事宜。是日晴。

初九日(5月27日)

镇署早饭后,出城。顺道答拜数客。茂亭送至舟中,馈以脯物,皆不受。因南风太烈,未开轮。是日晴。

初十日(5月28日)

卯正开轮,午正至福山,计二百里,泊江水浅处。坐别船进城,拜熊岳峰镇军。留饭,即宿,谈水师章程大致。是日晴。

十一日(5月29日)

镇署早饭后,出城登舟。接见诸客。午正,开轮过洋约八十里,取道狼山一带上驶。子刻,抵江阴对面之八圩港停轮。是日晴,极热。

十二日(5月30日)

至孟河,上三十里夹江停轮,约行百馀里。下午雷雨风雹,戌刻始霁。

十三日(5月31日)

行二百馀里至燕子矶停轮。申刻风暴雷雨。

十四日（6月1日）

早起开轮，卯刻抵旱西门，计三十里。雇肩舆入城。登堂朝母。饭后，栉沐。晋谒曾侯复命，谈江苏水师甚久。出，过曾世子午饭。归寓，浴。是日晴。

十五日（6月2日）

早起，事神明、祖先。朝母。下午，拜客三处。是日晴。

十六日（6月3日）

家居见客数次。作叶介唐观察信。是日晴，夜大雨。

十七日（6月4日）

竟日大雨，雷电交作，大慰农望。夜，作禀为白鼎臣副戎定燮请恤典。

十八日（6月5日）

家居。见客数位。是日阴雨。

十九日（6月6日）

拜客十馀处。是日阴，夜小雨。

二十日（6月7日）

仲弟查岳、汉水师回。西席陈星轩五十初度，设早面、晚饭。是日阴，夜雨。

二十一日（6月8日）

拜客二三处。至院幕钱子密处，知余奏留一折，吏部议驳。李中堂与余均有处分，例议之坚硬如此。夜，为仲弟拟禀复水师稿。是日晴。

二十二日（6月9日）

见客数次。晴。

二十三日（6月10日）

出西门拜客数处。上午阴,下午、夜风雨。

二十四日(6 月 11 日)

家居。晴。

二十五日(6 月 12 日)

家居。晴。

二十六日(6 月 13 日)

仲弟与蒲润生率浚儿启程回湘。儿以五月十九赘易氏。是日晴。

二十七日(6 月 14 日)

仲弟来信,辰刻搭轮船上行。是日晴。

二十八日(6 月 15 日)

早间,见客数位。下午,拜客数处。是日晴。午西风雷,微雨几点。

二十九日(6 月 16 日)

作京信、大通信。是日晴。

三十日(6 月 17 日)

至西北拜客三处。又至湖南会馆,为俞觐勋、许步青两镇军排解争斗,事就乃散。莫子偲、唐伯存来谈。是日晴。

五　月

初一日(6 月 18 日)

早起,浣沐。祀神明、祖先毕,朝母称贺。夜,拟江苏水师条议。是日晴,夜大雨。

初二日(6 月 19 日)

早起至水西门外接官亭,谒李筱荃制军,尚未回船,挂号而已。下午,李眉生廉访来谈,为商出处。是日雨,夜更大。

初三日(6月20日)

晋谒中堂,并答拜幕府数位。又拜汤小秋观察、李眉生廉访。过善征久谈,近晚方归。是日雨。闻湖南哥匪闹事,有益阳、沅江等县失守之说。

初四日(6月21日)

雨。

初五日(6月22日)

早起上院,辞不见客。归寓,偕弟侄朝母贺节。午刻,酒馔事神明、祖先。是日阴雨。

初六日(6月23日)

家居。季弟发咯血旧症,幸不剧。是日晴。

初七日(6月24日)

家居。是日晴。

初八日(6月25日)

拜客二处。是日晴。

初十、十一、十二日(6月27、28、29日)

家居。核办水师事宜。皆晴。

十三日(6月30日)

李雨亭有恒自浏阳来,带有竹吾先生信,并云益、沅土匪已平。是日晴,下午大雷雨,至慰农望。夜,办水师饷帐,丑正方寝。

十四日(7月1日)

晏起,家居。晴。

十五日(7月2日)

早起,祀神明、祖先。朝母。竟日办水师章程条议,夜,缮毕。是日阴晴。

十六日(7月3日)

早起,至湖南会馆拜李雨亭、袁辅卿。晋谒中堂,回水师章程。申刻,邀王霍生、俞觐勋、李雨亭、雷质轩饭。是日雨。

十七日(7月4日)

家居。下午,金逸亭来,久谈。是日晴。

十八日(7月5日)

家居。晴。

十九日(7月6日)

发查议江苏水师章程禀。夜,过善征谈。是日阴晴,夜大雨。

二十日(7月7日)

拜客数处。夜,偕莫子偲泛舟秦淮,子初归寓。是日阴晴。

二十一日(7月8日)

晴。

二十二日(7月9日)

阴晴。

二十三日(7月10日)

晴。

二十四日(7月11日)

晴。

二十五日(7月12日)

申刻,皆王少岩、王霍生游秦淮河,遇雨。夜又大雨。

二十六日(7月13日)

辰刻,晋谒曾侯,请示委查江苏大阅各绿营如何办法。又授密札,饬查各州县优劣。两事皆要紧,亦甚难办。申刻,邀同乡毕纯斋、曹敬初、易小亭、邵鹗秋饭。是日晴,申西之间大雨。

二十七日(7月14日)

家居。辰刻大雨,后阴晴。

二十八日(7月15日)

未刻,院署午饭。下午拜客数处。是日晴。

二十九日(7月16日)

拜客数处。夜,为仲弟作查长江水师禀。是日晴,下午雨。

三十日(7月17日)

巳刻,谒辞侯相归寓。接见督(掠)〔标〕城守各营都、守、千、把、外委二三十人。夜,〔善〕征、霍生来谈。是日晴。

六 月

初一日(7月18日)

早起,事神明、祖先。入室朝母。接见督标左营都、守以下各官。检拾行李。申刻,出水西门登舟。是日阴雨。

初二日(7月19日)

辰刻开船。顺拜下关花炮营官刘禹门军门玉龙、草鞋夹水师营官陶荩臣立忠。申刻,至燕子矶停泊。昼晴,夜大风骤雨。

初三日(7月20日)

未刻,至瓜洲。拜吴朝杰总戎家榜。接见瓜洲守备张廷栋及千、把、外委六人,淞南水师哨官十人。申刻,移泊上流四里铺。是日晴,戌刻东南方雷雨大风。

初四日(7月21日)

午刻,至扬州。拜方子贞都转、扬州营参将朱永发显庭、盐捕营都司曾德麟清泉。接见盐捕营千、把、外委。夜,作金陵安报。是日晴,夜风。

初五日(7月22日)

早,接见扬州营千、把员弁二十馀人。入城拜客数处。申刻开船,泊五台山,去扬城五里。是日晴。

初六日(7月23日)

风顺。戌刻至界首,计行百八十里。夜大风,云起雷作,不雨。

初七日(7月24日)

杨子沐自清江回晤,谈良久,以王霍生之事相托。巳刻开船,风不利,仅行三十里。申刻大雨,夜稍凉适。

初八日(7月25日)

行二十里至宝应县,暂停。微行入城,并至县署一视。回船,即开,至淮安计八十里。是日阴晴,间有小雨。

初九日(7月26日)

住淮安。入城拜府、县、副、参、游各官。作函与淮阳镇欧阳建飞,请其开所辖弁委清单。是日阴晴,申戌之间两次雨。

初十日(7月27日)

接见漕标四营千、把、外额数十人。每见四五人,款茶问话。申刻开船,二更至清江浦。是日晴。四营公送程仪约百金,婉词却之。

十一日(7月28日)

辰刻,入城拜欧阳健飞总戎利见、张漕宪友山兆栋、淮扬道刘寿亭咸、清河县万名青选及淮扬中营城守营官。复至欧阳健飞处饭,剧谈,至酉方归舟。途中遇大风雨。

十二日（7 月 29 日）

早起,见客数人。饭后开车,行七十里至桃源县之众兴集。下午,途中遇雨三次过河两次。

十三日（7 月 30 日）

行五十里至仰化集,尖。又五十里至顺河集,宿。顺河集去宿迁县城五里,中隔一河。是日,早间小雨,后晴。

十四日（7 月 31 日）

行四十里至皂河集,尖。又五十里至旧邳州,宿。早间过运河,水甚大。邳寓见客三次。是日晴,午刻途中遇大雨。

十五日（8 月 1 日）

早晨,雨。少刻开车,行七十里,至双沟住宿。双沟为邳州、睢宁、铜山、灵壁四交界处,有巡检、外委各一人。

十六日（8 月 2 日）

清早开车,四十里至张集,沿途皆水,又五十里至徐州府。酬应宾客,烦热已甚。县令预备公馆酒席,颇极殷勤。是日晴。

十七日（8 月 3 日）

拜客、见客纷纷无状。在道署吴子梅处早饭,镇署董梧轩处晚饭。此两日感冒寒暑,体中不快,服藿香正气,稍效。是日晴。

十八日（8 月 4 日）

早起,出南城拜客。巳刻,在朱怡轩府署饭。下午,各处辞行。是日晴。

十九日（8 月 5 日）

早起,开车,行四十里至杨家洼,尖。又五十里至双沟,宿。见客三班。是日晴。

二十日（8 月 6 日）

未明即行，七十里至旧邳州，尖、宿。午刻到店。未后，大雨不止。

二十一日(8 月 7 日)

既明开车，五十里至皂河，尖。又四十里至宿迁县下船。是日早晨小雨，晏晴。

二十二日(8 月 8 日)

早，开船，竟日大东南，逆风行五十里，至仰化集已近二更。中途有淮阳右营游击张名振西及守备、千总迎接，为沿途觅雇纤夫。是日晴。

二十三日(8 月 9 日)

行五十里至桃源县之众兴集小停。外委来见。又二十里至黄家咀泊船。是日晴，大东南风。

二十四日(8 月 10 日)

五更开船，午刻抵杨庄，肩舆至清江浦。过欧阳健飞，饭。谒辞张漕台，并拜刘道台、清河县及游击、都司辞行。是日时晴时雨，大东北风。

二十五日(8 月 11 日)

早起，刘受亭观察、欧阳健飞镇军先后来拜，叙谈甚久。又接见淮阳中、左城守各营都、守、千、把，外额数十人。申刻，开船至淮安府，计三十里。知府存秀岩葆、知县孙汉章云及李小筠直刺懋功来拜。是日晴，雨不常，午刻雨更大。发金陵家信一封，邮递。

二十六日(8 月 12 日)

早起开船，行六十里泊黄浦，去宝应县二十里。是日晴，大东北风。

二十七日(8 月 13 日)

行八十里泊界首驿。晴。

二十八日（8 月 14 日）

行八十里泊露筋祠。晴，申刻风雨。

二十九日（8 月 15 日）

行八十里，二更至扬州。发中堂禀、家信，交江都邮递。是日晴。

七　月

初一日（8 月 16 日）

早起，见客数人。拜客半天。据方子箴都转云：扬州、苏、松一带，旱甚。黎友林亦云：湖南大旱。岁事不佳，时局可虑。申刻开船，泊扬州下游数里。淞南营叶广全自带舢板来迎。是日晴，傍晚风，夜雨稍大。

初二日（8 月 17 日）

行四十里至瓜洲，少停。下午过镇江，接见城守营官弁。进城拜客。是日阴晴，夜雨。

初三日（8 月 18 日）

早起，进城拜都统及丹徒县。饭后开船，九十里丹阳县。是日晴。

初四日（8 月 19 日）

行九十里，未刻至常州府。见客、拜客。查询营务，三更方息。故人史贤希晤谈两次，近况甚窘，爱莫助之。是日晴，巳午北风顺利。

初五日（8 月 20 日）

行百一十五里过无锡县,泊新安镇。过无锡县时,蔡县令及张守备来拜,千把则不暇见也。是日晴,夜大雷雨。

初六日(8 月 21 日)

行六十里,未刻至苏州。泊船后,大雨风雷。少刻入城,谒张中丞、李军门。军门留宿,夜谈至四更后。

初七日(8 月 22 日)

拜何子永、李眉生及抚标左右两营官。申刻,至李军门处晚饭,即留宿。是日晴。

初八日(8 月 23 日)

黎莼斋、李眉生来拜。谓中丞有不乐查营之意,外间遂目我为小钦差。世态亦可知矣! 余此行处置事体,颇费苦心,悠悠之口,可不必计。午刻开船,行七十里至昆山县。是日晴,下午阴小雨。

初九日(8 月 24 日)

行百里,至钟贾山。是日阴雨,新凉。

初十日(8 月 25 日)

已刻至淞江,接见营官员弁。下午入城拜客,匆忙无状。夜,早寝。是日阴晴。

十一日(8 月 26 日)

早起开船,各营官来送。见者数人,唯中军参将韩晋昌坐谈最久。船西向出秀南桥,又南向出西汊口,又东向过米市塘走黄浦江及得胜港。行五十里至沙港泊。是日阴晴,东北风不顺。沙港隔闵行六里,隔上海七十里。

十二日(8 月 27 日)

寅刻开船,所至去上海十八里,潮至小停。未刻,至机器局晤冯竹儒、郑玉生少谈。旋开船,至上海东门,接见众客。是日晴,申刻大风雨。

十三日(**8 月 28 日**)

住上海。入城拜客,夜,坐铁皮火轮舢板至机器局,与竹儒、荔秋、玉生及卸任台湾道黎召民兆棠畅谈。召民干济才,志趣远大,锋棱太重,不合时宜,可惜,可惜! 是日阴,午刻雨。

十四日(**8 月 29 日**)

荔秋留早饭,涂朗轩留晚饭。归舟已二鼓矣。是日晴,极热。

十五日(**8 月 30 日**)

早起,过恬吉轮船,午刻开船,酉刻至狼山。下游遇大风雨,停轮。

十六日(**8 月 31 日**)

辰刻至任家港,港去通州十八里,雇小驳船入港,半途遇营中以肩舆来迎。至狼山总镇署中住宿。与柏楼夜谈。是日阴小雨。

十七日(**9 月 1 日**)

住通州。拜客,见客。柏楼请早饭。署通州孙海岑请晚饭,颇觉疲惫。是日晴,酉刻大雨,夜半不歇。

十八日(**9 月 2 日**)

花布厘局王子夐观察治覃请早饭。午刻出城,登舟开行,二更后至如皋县之百埠,计六十里。是日阴晴,上午小雨。

十九日(**9 月 3 日**)

行七十里至如皋县,换纤夫。再五十里至胡家集,汛停,泊已四更矣。是日阴。

二十日(**9 月 4 日**)

行百一十里,戌刻至泰州,入城拜成游戎天麒、桂刺史逯衡及文守备。丑正乃寝。是日阴晴。

二十一日(**9月5日**)

行六十里至宜林镇,换纤夫。又二十里至鲜鱼庙换夫。又十八里至六闸泊。是日晴。

二十二日(**9月6日**)

行百一十里至仪征。拜奇兵营游击潘梁柱,接见守备、千、把、外额十馀人。是日晴。

二十三日(**9月7日**)

五更开船,至十里之沙漫洲,奇兵营队伍送。申刻至水西门,入城寓拜母。夜,王雨轩来,谈及草鞋夹查船之事,以余有信嘱其约束巡丁故也。是日晴。

二十四日(**9月8日**)

辰刻,晋谒中堂。归寓将息。是日晴。

二十五日(**9月9日**)

拜王霞轩、何镜海、成楚材。是日晴。

二十六日(**9月10日**)

办查营禀。是日晴。

二十七日(**9月11日**)

理绿营册。晴。

二十八日(**9月12日**)

与幕友手谈竟日,四更方息。晴。

二十九日(**9月13日**)

理绿营案。晴。

三十日(**9月14日**)

禀复绿营员弁及州县优劣。申刻,过善征饭,座客王霞轩、何镜海。是日晴。

八　月

初一日(**9 月 15 日**)

早起,事神明、祖先。朝母。巳刻,晋谒中堂,请示大阅事宜。出,至藩署及粮台商办赏物。是日晴。

初二日(**9 月 16 日**)

早起与洪琴西晋谒中堂,禀复巡阅酌带赏号。是日晴。

初三日(**9 月 17 日**)

家居。晴。

初四日(**9 月 18 日**)

拜客一天。晴。

初五日(**9 月 19 日**)

未明即起,阅新兵五营、星字两营操。下午拜客。晴。

初六日(**9 月 20 日**)

拜客。晴。

初七日(**9 月 21 日**)

家居。阴,微雨新凉。

初八日(**9 月 22 日**)

阴。

初九日(**9 月 23 日**)

阴。

初十日(**9 月 24 日**)

收拾行李。将从十三日随侯相巡阅。是日阴雨。

十一日(**9 月 25 日**)

晋谒曾侯。是日上午大雨,下午阴。

十二日(9 月 26 日)

五更起,至教场伺候曾侯阅兵,未刻归寓。是日晴。

十三日(9 月 27 日)

早饭后,上船即开,风色不利,停下关,帅舟已抵燕子矶矣。四更风小,开至燕子矶,适天明。是日晴。

十四日(9 月 28 日)

开至华子口。是日风雨。

十五日(9 月 29 日)

风雨,未开船。

十六日(9 月 30 日)

风雨,未开船。

十七日(10 月 1 日)

未刻开船,行六十里江路,进泗源沟,又五里至缴纲闸停泊。夜,谒爵相。是日晴。

十八日(10 月 2 日)

行七十里至扬州。阴晴。

十九日(10 月 3 日)

阴天。下午赴运台戏、酒。

二十日(10 月 4 日)

五更饭,至演武厅看扬州各营操兵。下午回至黎友林处晚饭。是日阴晴。

二十一日(10 月 5 日)

看庆字三营操。下午赴何莲舫家,公请戏、酒。是日晴。

二十二日(10 月 6 日)

清早开船,行二十里至王杨坝。是日晴,西北风。

二十三日(10月7日)

未刻开船,逆风斗水,按步进移,洋船拖至去六闸二里许,怒船户之讨便宜也,解去洋船,令其自驾,而风大流过北岸,阻滞不行,遂停泊。是日晴。

二十四日(10月8日)

移船过南岸,越六闸,天已傍晚,而帅船已自邵伯解缆,遂亦拽纤前进,三更后至露筋祠。是日晴。

二十五日(10月9日)

过高邮至清水潭,计行五十三里。作浏阳、金陵家信报安。是日晴。

二十六日(10月10日)

行一百里至宝应县。灯下栉沐。是日晴。

二十七日(10月11日)

行八十里至淮安府,客至纷纷。夜谒帅,禀商清江浦阅操章程。归舟,作欧阳健飞信。是日晴。

二十八日(10月12日)

五更开船,辰刻至清江浦,拜张漕台酉山、刘道台受亭、欧阳镇台健飞。是日晴。

二十九日(10月13日)

五更起,至教场伺候中堂阅兵。是日晴。

九 月

初一日(10月14日)

阅兵。晴。

初二日(10月15日)

阅兵。下午,镇道公请音樽。是日晴。

初三日(10月16日)

早起,随中堂陆路行三十里,渔沟清河县境,尖。四十里众兴集桃源县境,宿。是日晴。

初四日(10月17日)

五十里仰化集宿迁县境,尖。六十里过运河,宿迁县,宿。晴。

初五日(10月18日)

四十里皂河集宿迁境,尖。五十里旧邳州,宿。晴。

初六日(10月19日)

七十里双沟铜山、睢宁、灵璧、宿迁四县界,宿。晴。

初七日(10月20日)

五十里杨家洼铜山境,尖。四十里至徐州。酉刻,赴吴紫湄观察,饭。是日晴。

初八日(10月21日)

拜客。晴。

初九日(10月22日)

随同中堂阅徐州镇标三营大阵约九百馀人,新兵凤字两营洋操约八百馀人,及游击以下马、箭约百人。晴。

初十日(10月23日)

阅步、箭、枪炮。定赏号毕,即归寓。晴。

十一日(10月24日)

未明启程,五十里杨家洼,尖。四十里双沟,宿。晴。

十二日(10月25日)

七十里旧邳州,宿。晴。

十三日(10月26日)

五十里皂河,尖。四十里宿迁县,过河,顺河集,宿。晴。

十四日(10月27日)

五十里仰化集,尖。五十里众兴集,宿。是日阴,下午小雨,夜大风雨。

十五日(10月28日)

七十里至清江浦,舟次未明即行,道路泥泞,夫役困乏。下午改坐骄车,申刻始到。是日阴雨。自十三染风寒泄泻,尚未轻减,众客纷纷来船,皆辞谢。惟掦见欧阳健飞、吴朝杰、董梧轩三位。

十六日(10月29日)

巳刻开船,三十里淮安府小停。又四十里平桥住。夜,饮欧阳健飞舟中,大醉。是日晴。

十七日(10月30日)

风顺,行百六十里,至高邮州。晴。

十八日(10月31日)

行百二十里至扬州,换坐小江船。晴。

十九日(11月1日)

行四十里至瓜洲,过江至金山。司道公请筵宴,共三桌。是日上午晴,下午阴,小雨几点,夜大西风。

二十日(11月2日)

早起,上岸至教场阅镇江、淞北、淞南三营陆操。不及淮徐远甚。放赏毕,申刻归舟。是日晴。向来本命生日必斋,本日应酢公事,竟不及斋。

二十一日(11月3日)

清早开船,行九十里至丹阳。又四十里至吕城。在李郅堂军门舟中谈至三更后回船。接见常州游击富静轩,商大阅合操事宜,以常州、孟河、江阴、靖江四营不和协故也。

二十二日(11 月 4 日)

四更开船,行五十里,辰刻至常州府。接见府县及各营官。下午,入城拜客。夜,再谒侯相。两日皆晴。

二十三日(11 月 5 日)

早起赴教场在南门外阅兵,行赏已毕,未刻归舟。与刘开生翰清小谈夷务。匆匆开船。行三十里至七子堰。是日晴。

二十四日(11 月 6 日)

行六十里至无锡,登金山寺及惠泉山。申刻开船,行三十里至新安。偕黎莼斋谒中堂,久谈。过李质堂舟中,小饮。是日晴。

二十五日(11 月 7 日)

慈闱寿旦,舟中未能拜祝,归宁当补祝也。清早开船,行二十里至望亭。又九十里至常熟。换小船,行三十里,夜子刻至福山。与狼山王百禄、福山熊岳峰两镇军商议看操事宜。四更归舟,汇单,五更稍睡。是日晴。

二十六日(11 月 8 日)

清早,下教场,申刻看操,行赏毕,归舟即开。二更后至常熟。是日晴。

二十七日(11 月 9 日)

早起,入城拜客,便从中堂游虞山。编修杨滨石泗孙、李君梅念诒、苏州府李微生铭皖及常、昭两县公作主人,饮于虞山之三峰寺。酉刻归船即开,行七十里,四更至吕口。是日晴。

二十八日(11 月 10 日)

辰刻,抵苏州胥门,计二十里。饭后,登岸拜客。上院,近晚方谒张子青中丞。李质堂晚饭,薄醉。出胥门归舟,将四更矣。是日晴。

二十九日(11月11日)

早起,至湖南会馆接见多客。饭后,出门拜客。夜,谒侯相。是日雨,下午更大。

三十日(11月12日)

拜客半天。下午德织造、寿静山、李军门朝斌质堂、李廉访鸿裔眉生、潘观察曾玮继畬,公具音樽请中堂,余亦与席。二更归寓。是日阴。

十 月

初一日(11月13日)

下午,抚司道府县公请中堂,余亦与席。二更归寓。是日阴晴。

初二日(11月14日)

早起,赴教场阅抚标三营、太湖两营、平望一营、庆字一营早操。行赏已毕,酉刻归寓。同乡公具音樽请中堂,余亦列于主位,亥刻席散。料理酬答事务。是日上午晴,下午风雨甚寒,夜小雨。

初三日(11月15日)

早起,下船开行八里至梅渡桥,坐舢板入黄庭荡,因西北风大,不能校阅水操。回舟取道娄门至唯亭,已近二更。帅船另走湖路。是日晴,极寒。

初四日(11月16日)

行四十里至昆山。又三十里至青浦县之泗江口。昨日帅船忽走湖路，朝令夕改，皆李质堂军门主意，余甚恨之，适吴潮杰来，不觉大怒。是日晴。

初五日(11月17日)

风顺，行一百三十里过青浦县，至淞江府西门外。接见众营官及府县。夜，谒帅。是日晴。

初七日(11月19日)

行百二十里，傍晚至上海。是日晴。

初八日(11月20日)

入城拜客数处。下午，谒侯相、张中丞。是日晴。

初九日(11月21日)

中堂接见外洋各国公使、领事。下午，赴上海道晚饭。夜，谒中堂。是日晴。

初十日(11月22日)

料理明天中堂六一寿旦款客事宜。晴。

十一日(11月23日)

早起，祝中堂寿，款客事毕。午刻开船，行五十里至吴淞口。晤镇将，商问水陆操兵底细。是日晴。

十二日(11月24日)

早起，下教场阅水陆操，既晚方息。夜，清理公事。李郐堂邀饮。是日晴。

十三日(11月25日)

未明，下教场阅马、步、箭，午刻行赏毕，登恬吉轮船，开行约百里至白茆港上停泊。晴，阴。

十四日(11月26日)

行五百馀里,夜,寅刻至华子口。晴。

十五日(11月27日)

早,过威靖轮船,谒中堂,随同阅测海轮船操。午刻,抵金陵下关,过小船至水西门归寓。登堂拜母,欢悦异常。

十六日(11月28日)

早起,谒中堂。饭后,拜客数处。出水西门至莫愁湖吊莫子偲之丧。是日晴。

十七日(11月29日)

拜客一天。晴。

十八日(11月30日)

家居。刘毅斋京卿来谈半日。是日阴雨。

十九日(12月1日)

送季弟登舟回浏。下午拜客。晴。

二十日(12月2日)

拜客一天。下午赴梅小岩方伯及报销局之招,连饮颇不胜,二更归寓。是日晴。

二十一日(12月3日)

拜客。下午赴军需局洪琴西之招。晴。

二十二日(12月4日)

拜黄昌岐军门,并拜别客数处。晴。

二十三日(12月5日)

拜客城北。下午赴桂香亭之招。晴。

二十四日(12月6日)

家居。下午请刘毅斋、曹敬初、王辅臣、王少岩、唐伯存晚饭。是日晴。

二十五日(12月7日)

家居。雨。

二十六日(12月8日)

阴雨。

二十七日(12月9日)

拜客数处。晴。

二十八日(12月10日)

晴。

二十九日(12月11日)

傍晚,谒中堂,以大阅举劾单见示。晴。

十一月

初一日(12月12日)

早起,事神明、祖先。入室朝母。作浏阳家信,催儿子速来。是日晴,极寒。

附录:摘中堂致冯竹儒书

再密商者,在沪曾嘱勉亭赴厂先住一月,俟相安,然后会办,渠已应允。回省数日,与之再谈,渠又徘徊不决,似有诿谢之意。细叩其故,渠言所以派人赴厂者,似有查察之意,无非欲息外间之浮议,雪卓如之疑谤。而浮议所由起,总因沪厂岁支数十万,腥膻之地,易启艳羡猜疑之论。今若不将历年账目彻底算清,上而报明两院具奏,下而使司道及局员晓然周知,则不特目前之谤难弭,并将为卓如终身之累。或阅数年,十馀年,尚有弹劾之章,亦未可知。今赴厂间住一月,或在(级)〔局〕会办半载,曾不足分卓如之忧,于公事亦毫无裨补云云。仆因告之曰：君言及此层，正所以扶照卓如，即所以大益公事也。报销早奏亦并为敝处预除后患也。君到局后，力催卓如清理账目，分列条款，如：曰造船，曰造枪炮，曰办机器，曰购木料、铁、炭，曰买地造屋，曰养委员、工匠、学生等事。每册分数款，每年立一册，赶紧造成详奏。则卓如可息前谤，可绝后患，而鄙人亦无公事颠顸之讥矣。如有亏空，仆愿代为担承，总以早清为是。仆与勉亭所议如此，特以奏告。如勉亭果能赴厂，请阁下迅办销册，即以勉亭为监算交代之员可也。至嘱至嘱。

初二日（12 月 13 日）

家居。阴，微雪。

初三日（12 月 14 日）

家居。晴。

初四日（12 月 15 日）

家居。晴。

初五日（12 月 16 日）

以奉札制办合字黄棉裤赴粮台商议。夜，拜刘毅斋。晴。

初六日（12 月 17 日）

早起，赴水西门外莫愁湖为莫子偲陪礼吊客，傍晚方归。

初七日（12 月 18 日）

早起，再至莫愁湖陪客，傍晚归。晴。

初八日（12 月 19 日）

慈闱感受风寒，进姜桂疏散之剂。晴。

初九日（12 月 20 日）

慈闱仍进原剂，尚不见轻减。今年冬令极寒，风邪深入，然不敢用克伐药，明日请医诊视。是日晴。

初十日（12月21日）

延叶医为慈闱诊病，药方大同小异。是日晴。午刻，赴巡道孙勤西之招。

十一日（12月22日）

长至。早起祀祖先，入慈闱贺。午刻，赴石东山之招。是日阴。

十二日（12月23日）

阴。

十三日（12月24日）

冯竹儒、陈荔秋至，留晚饭。是日阴晴。

十四日（12月25日）

早起，谒中堂言公事。留冯、陈早饭。冯去，陈留宿。傍晚，唐伯存来谈。是日阴。

十五日（12月26日）

早起，事神明、祖先。入闱禀贺慈闱。留陈荔秋早饭。伯存来。是日阴雨竟日。

十六日（12月27日）

往双石鼓石东山家称祝。是日阴。

十七日（12月28日）

阴，申刻小雪。

十八日（12月29日）

晴。奉会办机器局札。夜，作禀，辞。

十九日（12月30日）

晴。夜，奉查验新长龙札。

二十日（12月31日）

未刻,出西门查验亲兵营新长龙。晴。

二十一日(1872年1月1日)

晴。

二十二日(1月2日)

早起,赴城北总督署禀贺。辰亥,中堂入署。晴。

二十三日(1月3日)

晴。

二十四日(1月4日)

阴。

二十五日(1月5日)

早起,拜客数处。未刻至督辕饭,座客江西前任学政冯少詹、誉骥,号展云,广东人。梅小岩方伯、袁笃臣观察。近晚归寓。夜雨。

二十六日(1月6日)

阴雨,昼夜不息。

二十七日(1月7日)

早小雪,晏阴雨。

二十八日(1月8日)

早起,答拜上海道沈仲甫秉成、常镇道李叔晏常华。饭后,上院禀辞赴上海。侍帅坐谈公事良久。退至幕府,商问水师奏报,亦帅命也。申刻,赴富桂卿都护升之招,座客仲甫、叔晏、袁笃臣。二鼓席散,至莫善征处小谈。是日晴。

二十九日(1月9日)

拜客半天。下午雨,傍晚雪三四分。

十二月

初一日(1月10日)

早起,事神明、祖先。朝慈闱称贺。饭后,会院幕钱子密,商论外海水师条奏。是日阴。

初二日(1月11日)

拜黄昌岐军门、欧阳小岑、杨豫庵。晴。

初三日(1月12日)

出西门拜客。夜,作王子勇回信。是日阴晴。

初四日(1月13日)

家居。阴。

初五日(1月14日)

谒中堂,言外海水师条议。晴。

初六日(1月15日)

下午,赴莫善征之招。阴,下午小雪。

初七日(1月16日)

早起,同仲弟看大油坊巷房屋,即租定。拟以十八日吉,奉母移寓。是日晴。

初八日(1月17日)

复看油坊巷房屋,以后进有蔡生占住,辞之。晴。

初九日(1月18日)

家居。晴。夜见西南隅天上红光一道,如彗如虹,雪深不甚可辨,亦不见星,不知何祥。

初十日(1月19日)

家居。晴。

十一日（1 月 20 日）

家居。晴。

十二日（1 月 21 日）

浏阳家信至，七弟妇陈氏产后病殁。此妇孝顺贤良，可怜，可悼。以堂上并老，瞒不使知，即不便令侄辈尽斋期之祭奠。是日晴。

十三日（1 月 22 日）

作家信，慰七弟。晴。

十四日（1 月 23 日）

家居。晴。

十五日（1 月 24 日）

早起，事神明、祖先。入慈闱朝母称贺。是日苏州巡抚何筱宋至金陵。竟日小雪，夜渐大，丰年之地。

十六日（1 月 25 日）

早起，出西门谒苏漕台，至黄军门公馆谒何中丞，皆未遇。下午，再谒中丞，客多未能多谈。归寓已二更后矣。竟日雪，夜始止。

十七日（1 月 26 日）

核水师条议，三更方寝。是日晴，夜雪半寸。

十八日（1 月 27 日）

阴。

十九日（1 月 28 日）

阴，夜大雪二寸。

二十日（1 月 29 日）

阴,晴。上午晴,下午阴。

二十一日(1 月 30 日日)

晴,阴。写李竹吾先生信、浏阳家信。

二十二日(1 月 31 日)

阴。夜与星轩诸人手谈。二更后,雪。

二十三日(2 月 1 日)

五更起,赴城北教场,伺候中堂阅新兵五营操。下午拜客数处。夜,过善征谈。是日晴。

二十四日(2 月 2 日)

晴。

二十五日(2 月 3 日)

晴。

二十六日(2 月 4 日)

早起,上院贺交春。归寓事神明、祖先。偕弟侄叩贺慈闱。是日上午晴,下午阴,酉戌之间雪。

二十七日(2 月 5 日)

早起,赴教场伺候中堂看合字六营操兵。午刻,赴梅小岩方伯贺乃郎婚喜。是日阴,午后雨。

二十八日(2 月 6 日)

阴,雨。

二十九日(2 月 7 日)

阴。

三十日(2 月 8 日)

清早,上院辞岁,未见。申刻,具酒馔事神明、祖先。夜,率仲弟及侄辈叩贺慈闱。亥刻寝。是日晴,阴。

同治十一年壬申(1872年)

正 月

元 旦(2月9日)

寅初起。浣沐毕,焚香事神明、祖先。偕仲弟上院,东方方明,中堂自贡院朝贺回辕,余与司道十馀人同班入见。旋拜穆将军、富都统,顺道拜客数处。巳刻归寓,偕弟、侄叩贺慈闱。饭后,拜黄昌岐军门,并别客数处。是日晴明,日出有彩云现,盖祥瑞也。

初二日(2月10日)

早,具酒馔供神明、祖先。拜客约六十处,近晚方归。夜,与友人辈手谈。是日晴。

初三日(2月11日)

上午,拜客数处。

初四日(2月12日)

早,谒中堂。拜客一天。寅刻,雪近寸,后阴晴。

初五日(2月13日)

拜客一天。欧阳健辉来,留宿。晴。

初六日(2月14日)

上午,拜客。赴黄昌岐军门之招。晴。

初七日(2月15日)

早起，拜客。午刻，至南门雨花台营，章作堂总戎请酒。夜，欧阳健辉、吴朝杰来宿，谈至三更后。晴。

初八日（2 月 16 日）

申刻，请王百禄、熊岳峰、欧阳健辉、吴朝杰四镇春酒。健辉不至。晴。

初九日（2 月 17 日）

上午，拜客。申刻，李致堂军门来谈。戌刻，富桂卿都护来，坚请叩谒慈闱。富新交而订异姓兄弟者也。是日晴。

初十日（2 月 18 日）

拜客数处。下午，王子勇来，留晚饭。晴。

十一日（2 月 19 日）

早起，谒中堂言事。出莫愁湖早饭。拜客数处。请莫善征、黎莼斋、郭意防晚饭。是日晴。

十二日（2 月 20 日）

饭后，拜客几处。会馆团拜。是日晴，稍暖。

十三日（2 月 21 日）

饭后，拜客。至合肥试馆午饭，各营在此具音樽请中堂、将军、都统诸客。戌刻归寓。是日晴。

十四日（2 月 22 日）

拜客数处。晴。

十五日（2 月 23 日）

早起，祀神明、祖先。偕仲弟上院贺节。归，叩贺慈闱。赴袁笃臣早饭，薄醉。是日晴。下午阴，夜小雨。

十六日（2 月 24 日）

早起，答拜富桂卿都统，即还以兰谱。谒穆将军，谈夷务颇久。

午刻,赴司道之招。是日阴,小雨。

十七日(2 月 25 日)

未出门。写信两封。是日阴,上午毛雪。

十八日(2 月 26 日)

早,拜客数处。申刻,请尚斋诸位饭。是日阴。

十九日(2 月 27 日)

晴。

二十日(2 月 28 日)

申刻,请客一席。阴晴,夜大风。

二十一日(2 月 29 日)

巳刻,上院贺开印,不见。是日阴雨,夜更大。

二十二日(3 月 1 日)

巳刻,上院贺迎喜神。夜,过程尚斋久谈。是日阴雨,夜雪。

二十三日(3 月 2 日)

阴雨,夜雪。

二十四日(3 月 3 日)

上院禀辞。发浏阳平安家信。晴。

二十五日(3 月 4 日)

同程尚斋、刘佩香、陈虎臣至南门机器局一看,英夷马格里周旋进退。巳刻,至佩香家午饭,拇战,薄醉。是日晴。

二十六日(3 月 5 日)

早饭后,收拾行李。午时,拜辞慈闱,出水西门登舟。下关访冯吉云、王雨轩皆不遇。酉刻至燕子矶停泊。是日晴。

二十七日(3 月 6 日)

风顺。申刻即至镇江七濠口。晴。

二十八日（3 月 7 日）

早，渡至镇江，泊在旗昌洋行灯船旁侧。晴。

二十九日（3 月 8 日）

晴。酉刻，从小船过旗昌洋行灯船，拥挤无住处，宿于船之旁檐。北风甚寒，假寐达旦。

二 月

初一日（3 月 9 日）

仍住灯船。亥刻，杭州轮船至，慌忙搬过，客多至一二百人。是日雨。

初二日（3 月 10 日）

亥刻，至上海。是日阴雨。

初三日（3 月 11 日）

早，雇小舟至高场庙机器局，冯竹儒过金陵，郑玉轩在局，局中各厂办事人员先后来见。是日阴。

初四日（3 月 12 日）

巳刻，至上海。城内外拜客十数处，未刻归。申刻，观船坞口船下坞。是日晴，夜雨。

初五日（3 月 13 日）

办曾、李、何①三宪申文禀件。是日阴雨。

初六日（3 月 14 日）

始预闻局事，阅册簿、文书、条片等日行公事。是日阴。

---

① 即曾国藩、李鸿章、何璟。

初七日（3 月 15 日）

袁辅卿、唐兰生来，留便饭，引看各厂机器。傍晚，局友蒯虎臣回自金陵云：曾中堂初四日戌刻无疾仙逝。骇绝！恸绝！国家只此栋梁，庙堂倚为心腹，主少国疑，内忧外患，遭此大变，天地崩裂，未知苍苍何意！予以书生从戎，知遇极厚，期望极殷，十五年来，无异家人父子，堂廉相得，肝胆相见。所为长依宇下、屡争去就者，原欲报恩万一，且分衰老忧劳，而尽事人之道。正月二十四谒辞，欢笑如故，谈公事如故，精神步履如故，不意才离十日，此生遂不可复见。天乎，人乎，何至于此！拟于明日觅搭轮船回金陵，奔哭寝门。是夜寝不成寐。

初八日（3 月 16 日）

未刻，至大东门金利源码头，搭快也坚轮船回金陵，奔曾侯之丧。旋至小南门城内桥家榜毡帽公所访辅卿、兰生，留饭。戌刻，回船就寝。是日晴。

初九日（3 月 17 日）

寅正，开轮，夜间稍停。是日阴，下午夜雨。

初十日（3 月 18 日）

天明抵镇江停轮。巳正开行，申初抵金陵下关，雇小船达水西门，入寓拜母。是日阴。

十一日（3 月 19 日）

早起，上院叩曾侯灵前，不觉抚棺大恸。感恩知己，从兹已矣！傍晚归寓。晴。

十二日（3 月 20 日）

上午，冯竹儒、吴朝杰来谈。下午上院，酉刻归寓。晴。

十三日（3 月 21 日）

巳刻上院,酉刻归寓。晴,夜雨。

十四日(3 月 22 日)

巳刻,李质堂军门来谈,送客后上院,申刻归寓。阴,夜小雨。

十五日(3 月 23 日)

早起,祀神明、祖先。入慈闱称贺。饭后上院,夜宿其处。晴。

十六日(3 月 24 日)

住院上。晴。

十七日(3 月 25 日)

住院上。晴。

十八日(3 月 26 日)

住院上。晴。此三日极热,戌刻大雷电,风雨达旦。

十九日(3 月 27 日)

住院上。阴,雨。

二十日(3 月 28 日)

阴,雨。傍晚归寓。

二十一日(3 月 29 日)

早饭后,上院住宿。晴。

二十二日(3 月 30 日)

午刻归寓。晴。

二十三日(3 月 31 日)

二十四日(4 月 1 日)

家居。雨。

二十五日(4 月 2 日)

早饭后,上院。晴,阴。

二十六日(4 月 3 日)

申刻,至刘佩香处饭。阴,雨。

二十七日(4月4日)

早饭后,襆被至院署,寓幕府。夜,与李眉生久谈。阴,雨。

二十八日(4月5日)

阴晴。城厢全节堂、普育堂、粥厂等处妇女数百人,人持香楮相率叩奠曾侯灵前,多(然)〔流〕涕者,情状殊不堪睹,无告穷民感激至此,其他可知。

二十九日(4月6日)

黎莼斋来。夜,与敬初久谈。阴晴。

三十日(4月7日)

晴。

三 月

初一日(4月8日)

晴。二十八至今,天气忽极燥热,墙壁出水。是日,戌刻大雷雨。

初二日(4月9日)

上午晴,申刻大雷雨,大风。

初三日(4月10日)

卯初大雨,大风。辰刻,穆瑞亭将军进新署,往贺。下午,雷雨。

初四日(4月11日)

晴。

初五日(4月12日)

阴,小雨。

初六日（4 月 13 日）

阴,午间雷雨两次。

初七日（4 月 14 日）

阴。

初八日（4 月 15 日）

晴。

初九、初十日（4 月 16、17 日）

均住院上。初十何筱宋制府入城,随班谒见。

十一日（4 月 18 日）

早,随班谒见制府。

十三日（4 月 20 日）

制府接印,随班贺。自是常居院署寓斋。办理曾文正（补）
〔讣〕务。

二十七日（5 月 4 日）

早,谒何制府,久谈。

四 月

是月,以曾文正丧事羁署,直至二十日灵輀登舟。

二十五日（5 月 31 日）

解缆西上,余方自城外归。

二十六日（6 月 1 日）

家居,料理移寓事务。

二十七日（6 月 2 日）

至南城之新桥箴街新寓检点一切。

二十八日（6月3日）

卯刻，奉慈闱率眷属移入新寓。寓屋主者王都司步云。西偏加修两栋，颇觉轩爽。押租洋钱三百元，每月行租二十元，中人北捕通判任成林、督左营游击王廷贵、千总赖标也。已刻，偕仲弟上院，贺何筱宋制军入署，顺带拜客数处。是日晴。

二十九日（6月4日）

家居。晴。

三十日（6月5日）

拜客一天。早晨，谒制府，久谈。晴。

五　月

初一日（6月6日）

早起，祀神明、祖先，称贺慈闱。申刻，上院贺何夫人至署。晴，已刻日食。

初二日（6月7日）

家居。下午发浏阳家信。

初三日（6月8日）

拜客。晴。傍晚，陈荔秋秋曹至，留宿。

初四日（6月9日）

拜客。晴。

初五日（6月10日）

早起上院，已刻归寓。率弟侄叩贺慈闱。午刻，具酒馔，事神明、祖先。是日晴，申刻暴风雷雨。上午旱西门火灾。

初六日(6 月 11 日)

早,拜客。下午谒辞何制府。晴。

初七日(6 月 12 日)

早起,出南门拜客。巳刻,赴杨仲乾之招。下午,检点行李。

初八日(6 月 13 日)

早饭后,偕荔秋坐小舟出下关,申刻上气拉轮船。晴。

初九日(6 月 14 日)

申刻,至上海。坐小船至高敞庙机器局。晴。

初十日(6 月 15 日)

住局。夜为蚊扰,竟夕不成寐。晴,夜五更小雨。

十一日(6 月 16 日)

陈荔秋来,剧谈竟日。阴,小雨。

十二日(6 月 17 日)

拜城内外各客,傍晚归寓。晴。

十三日(6 月 18 日)

晴。刘芝田来拜。夜雨。

十四日(6 月 19 日)

午刻,赴刘芝田之招,座客陈荔秋、吴桐云、冯竹儒、余观察本愚。休宁人,浙江办海运者。是日,大风雨不息。

十五日(6 月 20 日)

竟日风雨。作何制军禀。

十六日(6 月 21 日)

阴,雨。

十七日(6 月 22 日)

阴,雨,夜大风。

十八日(6月23日)

新晴。

十九日(6月24日)

晴。

二十日(6月25日)

晴。

二十一日(6月26日)

晴。夜与竹如、吉云谈至三更。

二十二日(6月27日)

作吴南屏先生及潘叙园信。竟日雨。

二十三日(6月28日)

雨。

二十四日(6月29日)

拜客数处。午刻,赴沈仲复之招。阴。

二十五日(6月30日)

阴。

二十六日(7月1日)

晴。

二十七日(7月2日)

晴,始热。

二十八日(7月3日)

晴。

二十九日(7月4日)

晴。

三十日(7月5日)

晴。

六　月

初一日(7 月 6 日)
早起，偕局委员事神明于高昌庙。遣曾纪文回金陵。晴。

初二日(7 月 7 日)
早，赴城内相馆问相，相士郑金斗名振一时。晴。

初三日(7 月 8 日)
晴，夜大雷雨达旦。

初四日至十三(7 月 9—18 日)
均晴，热极。

十四日(7 月 19 日)
酉刻，偕陈荔秋、吴桐云、冯竹如、黄方卿赴洋人金楷理之招，饮食礼节皆与华人异，恭谨则过之。是日晴，未刻雷雨。

十五日至三十(7 月 20—8 月 3 日)
住局无事。看书。局中事不常过问，远嫌而全交也。荔秋时常来谈，藉以消遣。

七　月

初一日(8 月 4 日)
早起，轮予祀高昌庙神。广方言馆诸生先后来谒。

初五日(8 月 8 日)
申刻，请荔秋、桐云、竹儒饮于福庆楼，丹桂园观剧，一切均托桐云料理。为饯荔秋,故有此。

初八日(**8 月 11 日**)

送荔秋美国之行。

二十日(**8 月 23 日**)

作禀,禀何制府、李中堂、恩抚台,请销机器局差。傍晚,郑玉轩从广东来。

二十一日(**8 月 24 日**)

竹儒为予饯行。夜,与玉轩三人谈至三更。

二十二日(**8 月 25 日**)

巳刻,上横云轮船,走内河。晚泊淀山湖口。是日阴晴。

二十三日(**8 月 26 日**)

午正,过苏州。晚泊桥头镇。是日阴晴。

二十四日(**8 月 27 日**)

巳刻过常州,晚泊丹徒口。是日阴雨,酉刻雨颇大。

二十五日(**8 月 28 日**)

申刻,抵金陵旱西门。酉刻入城,登堂拜母。儿侄皆来见。夜,与萧、陈两西席及仲弟谈至宵深。是日阴晴。

二十六日(**8 月 29 日**)

家居。儿妇易氏谒见,陈扇套、荷包等。赘儿妇入门近一月,事祖姑甚善,能始终不懈,则幸矣。是日阴。早间,差人至院署,请假五日。

二十七日(**8 月 30 日**)

家居。阴晴。

二十八日(**8 月 31 日**)

同乡唐子明、黎月槎来拜。阴。

二十九日(9 月 1 日)

家居。

三十日(9 月 2 日)

家居。

八　月

初一日(9 月 3 日)

早起,事神明、祖先。入慈闱禀贺。是日晴。

初二日(9 月 4 日)

早起,回拜涂朗轩廉访、刘佩香、杨仲乾。申刻,请朗轩诸公饭。是日晴。

初三日(9 月 5 日)

家居。晴。

初四日(9 月 6 日)

午刻,赴刘佩香之招。是日晴。

初五日(9 月 7 日)

会馆公请涂朗轩。郑玉轩来拜。是日晴,近数日极热如伏天。

初六日(9 月 8 日)

早起,谒何制府。拜郑卓生、周锡三、袁笃臣、王觐臣诸公。申刻回寓。母亲昨日偶患气痛,潮热。服王医药,稍效。是日阴,小雨,渐凉。

初七日(9 月 9 日)

郑玉轩来,留宿。晴。

初八日(9 月 10 日)

拜客数处。情。

初九日(9月11日)

出南门拜客。晴。

初十日(9月12日)

家居。晴。

十一日(9月13日)

拜客数处。晴。

十二日(9月14日)

家居。晴。

十三日(9月15日)

家居。晴。

十四日(9月16日)

郑玉轩、冯吉云来谈,留晚饭。晴。

十五日(9月17日)

早起,事神明、祖先。走贺督辕,巳刻归寓。偕仲弟叩贺慈闱。夜与西席手谈。晴。

十六日(9月18日)

晋谒制府,拜客数处。晴。

十七日(9月19日)

晴。拜客数处。

十八日(9月20日)

晴。

十九日(9月21日)

早起上院,贺赘侄婿喜。晴。

二十日(9月22日)

申刻,院署喜宴。晴。

二十一日(**9 月 23 日**)

晴。

二十二日(**9 月 24 日**)

晴。

二十三日(**9 月 25 日**)

晴。

二十四日(**9 月 26 日**)

晴。

二十五日(**9 月 27 日**)

阴雨,夜稍大。秋来颇旱,晚稻受伤,麦种不下,此雨稍稍润泽,犹未足也。

二十六日(**9 月 28 日**)

晴。

二十七日(**9 月 29 日**)

晴。

二十八日(**9 月 30 日**)

早起,出水西门送穆将军。夜,奉何制台札,委查沿江炮堤。晴。

二十九日(**10 月 1 日**)

早起,上院禀辞。午后,具禀请加委武员及横云轮船同行。晴。

九　月

初一日（**10 月 2 日**）
早起，祀神明、祖先，禀贺慈闱。检行李，上船。晴。

初二日（**10 月 3 日**）
晴。

初三日（**10 月 4 日**）
晴。

初四日（**10 月 5 日**）
下午，奉制台批准所请，申刻登舟。晴。

初五日（**10 月 6 日**）
开船至下关。晴。

初六日（**10 月 7 日**）
轮船拖行，申刻至三江日登岸。看固土洲炮堤，嘱陈委员随绘一小图。晴。

初七日（**10 月 8 日**）
早起，看西成洲炮堤毕。开船下行，酉刻至江阴。晴。

初八日（**10 月 9 日**）
上午，看鹅鼻咀大小石湾炮堤二处。下午，入城拜客数处。晴。

初九日（**10 月 10 日**）
辰刻，过江看刘闻沙炮堤，步行十馀里。是日东北风大，停泊八圩港。晴。

初十日（**10 月 11 日**）

清早开船,行一百六十馀里停圌山关之下夹江。夜,风稍大,晴。

十一日(10 月 12 日)

清早开至圌山关,登岸看大二矶头炮堤。饭后,过江看东生洲炮堤。午刻开船上行,酉刻至焦山,登岸看象山炮堤。晴。

十二日(10 月 13 日)

早起过江,勘顺江洲上下炮堤,步行十里。土民叶林导引,指示堤基,盖荡然无存也。已刻,过江勘北固山炮堤,亦如象山、顺江相似。山上稍憩,未刻回船,并至瓜洲停泊。拜吴朝杰,谈至二更,酒亦醺醉。回船接见叶游击广全、张守备廷栋,略问营务。晴。

十三日(10 月 14 日)

早开船,申刻抵。勘五龙山、沙洲墟两炮堤。停泊燕子矶。夜,拟禀稿,三更寝。热不成寐。晴。

十四日(10 月 15 日)

住燕子矶办禀,夜方毕。晴,极热。

十五日(10 月 16 日)

早起开船,已刻抵旱西门,雇小船从水西(关)〔门〕入寓。登堂拜母。母患疟数日,现服高医清燥药方,稍效。下午,收检行李,料理炮堤图禀,颇觉困倦。晴,小雨,早间金陵雨。

十六日(10 月 17 日)

家居。午刻发递图禀。阴晴,间有小雨。

十七日(10 月 18 日)

早,谒制府销查堤差。午后,拜袁笃臣、刘佩香、莫善征。是日阴晴小雨。

十八日(10 月 19 日)

申刻,赴梅小岩方伯之招。晴。

十九日（10月20日）

阴雨。

二十日（10月21日）

生晨,茹素。阴晴。

二十一日（10月22日）

禀何制台四条,论炮堤事。阴雨。

二十二日（10月23日）

阴雨。

二十三日（10月24日）

阴雨。

二十四日（10月25日）

回拜粮道王晓莲,谈问直隶事。傍晚,预祝母寿。刘佩香、莫善征到。是日阴雨,夜晴。

二十五日（l0月26日）

早起,事神明、祖先。率弟及子侄登堂称祝,以次受众宾贺。晚,设宴富都统、梅小岩、王晓莲,并众客共五筵。子刻方散。是日晴朗。

二十六日（10月27日）

回拜众客,谢寿。阴,夜小雨。

二十七日（10月28日）

家居。雨。

二十八日（10月29日）

回拜各客。晴。

二十九日（10月30日）

家居。晴。

三十日(10 月 31 日)

晴。

十　月

初一日(11 月 1 日)

清早上院。晴。

初二日(11 月 2 日)

申刻,赴杨仲乾之招。晴。

初三日(11 月 3 日)

晴。

初四日(11 月 4 日)

至善征处听戏,夜方归。晴。

初五日(11 月 5 日)

晴。

初六日(11 月 6 日)

晴。

初七日(11 月 7 日)

拜客,辞行。晴。

初八日(11 月 8 日)

上院禀辞。拜客一天。晴。

初九日(11 月 9 日)

拜客。午刻至富桂卿都统饭。阴雨,大风。

初十日(11 月 10 日)

早起,拜客数处。夜作信四函。晴。

十一日(11月11日)

曾文正公冥寿,备酒席五桌,邀同乡至会馆致祭,到者二十六人,以事不到者六七人。未刻会饮,申刻散。是日晴。

十二日(11月12日)

家居。有寒疾。晴。

十三日(11月13日)

家居。上午栉沐。晴。

十四日(11月14日)

家居。晴。

十五日(11月15日)

早起,事神明、祖先。入慈闱贺。晴。

十六日(11月16日)

遣肩舆、鼓吹,迎桐城姚公恩锡第三女为继室。午刻,卺饮毕,偕拜神明、祖先,登堂拜母,以次受仲弟儿侄诸人贺。下午,燕新亲姚雨香沄舫,内子之胞兄也、张联襟吉甫、张兰庚、甘雨亭、姚访原、吴阆音媒、廖锦春媒,共二筵,别设一筵燕桂香亭、刘治卿。席散,桂、刘闹房至三更,余亦醉矣。即寝。是日晴。

十七日(11月17日)

午刻,偕妇往姚家寓所拜岳父及其祖先,次及姻眷,留饭,酉刻偕归。晴。

十八日(11月18日)

家居,检点行李。晴。下午,再至岳寓一候。岳年六十七,双目俱废,甚贫。

十九日(11月19日)

检行李。晴。

二十日（11 月 20 日）

晴。

二十一日（11 月 21 日）

晴，阴。

二十二日（11 月 22 日）

下午、夜小雨，久旱，尚不济事。

二十三日（11 月 23 日）

晴。下午，至姚家辞行。

二十四日（11 月 24 日）

晴。仲弟置酒饯余，大饮乃醉。

二十五日（11 月 25 日）

巳刻，拜辞慈闱，别家人，出水西门登舟。单骑北上，慈闱怜极，泪不可止。此番专为禄养，不知天从人愿否？解缆至旱西门刘佩香营中饭，座客袁笃臣、张屺堂。未刻，开船至下关，往候冯吉云、王雨轩，二更归舟，睡。是日晴。

二十六日（11 月 26 日）

早起开船，巳刻至燕子矶，风大停泊。晴。

二十七日（11 月 27 日）

东北风大，住燕子矶。专信借横云轮船拖带。函告仲弟，换《隋书》二函。以自用汉烟袋函寄内子，属其即戒水烟，以符家法。舟中无事。作浏阳家信、曾劼刚信、刘毅斋信、竹吾师信。是日晴，阴，夜小雨。

二十八日（11 月 28 日）

巳刻，横云来，拖带坐船，下行风色亦顺，申刻达瓜洲。以昨日所写各信,统托横云带交仲弟转发。登岸拜吴朝杰,谈至日夕,归舟。朝〔杰〕来,复谈炊许。余前数日本有寒疾,又舟中感受宵分窃风,至今日大发寒热,头痛身麻,坐卧不宁。进表散药一剂,即寝,五更稍平静安睡。是日晴。

二十九日(11月29日)

寒热退而神昏头闷未解,再进表药一剂。早起开船,风色不顺。申刻,至湾头停泊,距扬州十里,距瓜洲五十里。是日晴。

三十日(11月30日)

东南风顺,天未明开船,申刻至高邮洲,计程百一十里。过州署访莫善征,共榻卧。近晚稍发寒热,三更后始能安睡。是日晴。

十一月

初一日(12月1日)

留州署,竟日谈。早间,作金陵家信。戌刻归船。善征来,以百金赆我,二更执别。十馀年异姓骨肉,未知后晤何时。是日晴。

初二日(12月2日)

早起开船。日夕至刘家堡,计程九十里。亥刻,东南风大作,又开行四十里,过宝应,至黄浦口,三更后下锭。是日晴。

初三日(12月3日)

西风行六十里,申刻至淮安府。是日晴。写西席萧、陈二位信。

初四日(12月4日)

早起开船,东南风顺,午刻抵清江浦,计行三十里。入城拜刘受亭观察,久谈。拜欧阳健辉镇军,留住署中。饭后,拜清河县万少昀大令,托雇车三辆,每辆包饭二十二金,颇觉昂贵。舟中作内子信,夜作仲弟信。是日晴。

初五日(12月5日)

上午,拜客三处。下午,健辉请酒。夜,收拾行装。晴,阴,夜小雨。

初六日(12月6日)

已刻开车,共三辆,每辆包饭二十二两。戌刻至众兴集,住。计八十里。晴。

初七日(12月7日)

未明开车,五十里,过河,仰化集,尖。五十里顺河集,住。晴,下午阴。

初八日(12月8日)

寅初开车,六十里司务,尖。出店八里过河。又六十里,申刻至红花埠江苏山东交界,宿。晴。夜,作家信及欧阳健辉信,交回弁万选云带清江。

初九日(12月9日)

寅正开车,六十里郯城之十里铺,尖。又六十里,兰山之李家庄,宿。晴。

初十日(12月10日)

子初开车,出圩,过沂河四十五里过沂州府,天尚未明,破站每破一站大钱一千文。又四十五里半城,尖,又四十五里青陀寺,宿。是日晴。下午进山路,青陀寺谭家店,浙绍人,尚属殷勤。

十一日(12月11日)

寅初开车,四十五〔里〕过多庄,破站。又五十里龚家城,尖。又五十五里敖阳,宿。山路崎岖,行道较迟,戌初方进店。是日晴,大风。

十二日(12月12日)

丑正开车,四十五里翟家庄,破站。又四十里洋流店,尖。又六十五里崔家庄,宿。晴,浅水结冰。

十三日(12月13日)

丑正开车,四十五里泰安府,破站。五十里殿台,尖。又六十里障下,宿。晴。途遇文漕台自山东回清江浦,仪从甚盛。

十四日(12月14日)

寅初开车,五十里杜家庙,破站。又二十里齐河,过黄河,又三十里晏城,尖。又四十五里禹城桥,宿。晴。

十五日(12月15日)

丑正二刻开车。五十里平原二十里铺,破站。又四十里曲柳店,尖。又五十里海州,宿。晴。

十六日(12月16日)

丑正开车。山东黄营派四勇护送。九十里至漫河,尖。经过刘智庙、景州。又六十里富庄驿,宿。晴。今日为先大人七旬冥寿,途中不能供奉,子道安在!

十七日(12月17日)

寅初开车,七十里商家林,尖。又三十里河间府,宿。过渡两次,耽过颇久,日夕才到店。是日晴。

十八日(12月18日)

寅正开车。河间县陈大令式金派人护〔送〕。五十里扁担口,尖。又四十里高阳县,宿。去扁担口十五里之杨家坞,有官车三辆,被骑马贼抢劫,时方白昼,地近村旁,乃有此等乱萌,不可不极极整顿。

十九日(**12 月 19 日**)

卯初开车。申刻至保定,计八十里,暂住院门口瑞升老店。夜,王纶阶大令来谈甚久。是日晴。

二十日(**12 月 20 日**)

午刻,上院谒见李少荃中堂,叙谈颇久,殷殷有故人意。下午,拜蒋养吾、王纶阶。晴。

二十一日(**12 月 21 日**)

酉刻,过蒋养吾小饮。晴。

二十二日(**12 月 22 日**)

拜司道及府厅数处。晴。

二十三日(**12 月 23 日**)

拜客。晴。

二十四日(**12 月 24 日**)

晴。

二十五日(**12 月 25 日**)

晴。

二十六日(**12 月 26 日**)

晴。

二十七日(**12 月 27 日**)

辰刻,上院见爵相,谈公私事颇久下午,拜客数处。酉刻,赴王纶阶小饮。晴。

二十八日(**12 月 28 日**)

作金陵家信及袁笃臣信。晴,大风。

二十九日(**12 月 29 日**)

往吊陈作梅。李爵相已刻亦往吊。爵相于贫贱交故,始终亲厚,不以人之贤否易其情谊,此大君子也。晴。

十二月

初一日(12 月 30 日)

以尚衣行装,不便随班参衙,遂不上院,亦不往司道署。酉刻,赴保定府李静山之招。晴。

初二日(12 月 31 日)

早起,回拜数客。晴。夜,纶阶来谈。

初三日(1873 年 1 月 1 日)

枅沐。见客两次。阴晴,夜微雪。

初四日(1 月 2 日)

拟奏回直隶原省片稿,誊清。明日呈李中堂核奏。下午,看松花园公馆,即与租定,每月大钱十二千五百文。夜,王纶阶来谈,以所拟片稿相商。是日阴。

初五日(1 月 3 日)

未刻,谒见李中堂,递片稿,便服书房见。拜幕府李、诸、钱、沈诸公。出,拜客数处。将谒李相时,奉札会商巡防事宜,盖借差给薪水也。阴晴。

初六日(1 月 4 日)

早起,移寓松花园公馆。检点一天。晚间,留游子岱、王纶阶、黄晴轩、陈渭滨小饮。晴。

初七日(1 月 5 日)

拜客数处。晴。

初八日(1 月 6 日)

晴。

初九日（1月7日）

过蒋养吾观察晚饭。晴。

初十日（1月8日）

早起，出城拜马队练军各营官。过王纶阶早饭。酉刻，过刘景林观察晚饭。夜，奉李中堂行知：奏请回直以道员补用。晴。

十一日（1月9日）

晴。

十二日（1月10日）

回拜客数处。晴。

十三日（1月11日）

晴。

十四日（1月12日）

晴。

十五日（1月13日）

早起，事神明、祖先。是日晴。

十六日（1月14日）

辰刻，具酒馔冥镪祭先大人，以前月十六先大人七旬冥诞，方车行山东道中，未及祭奠，故寓中追礼如此，一切亦极率略。是日晴。

同治十三年甲戌(1874 年)

二　月

初一日(3 月 18 日)

早起,由仪凤门出下关,看上海机器局第五号大兵船,即答拜沈中复、刘芝田、冯竹儒。巳初,李雨亭制府偕富桂卿都统至,班迎踵阅。未刻,预先请假回城,检拾行李。是日晴,大西南风,午刻日晕。

初二日(3 月 19 日)

早起,禀辞慈闱,出水西门登舟,开至下关,以小轮船拖带燕子矶船厂小停。晤仲弟。未刻开行,酉刻,进泗源沟十二圩,步行访仪栈庞省三。得晤其局员姚仲英大令鸿杰,秋浦之侄也。与谈河务南趋情形,切实正当,语不支离,出图指径,煞有见地。省三亦极道其才。戌刻归舟。章秋亭名仪林,江苏候补道,现住淮城;刘德仪,直隶县丞,现在宿迁厘局,庞省三以为办河好手,两人均可挪上。是日上午阴,下午小雨,大东北风。

初三日(3 月 20 日)

开船,逆风强行,至三汊河加雇纤夫,日落至扬州。过访程敬之,询论河务。渠以曾文正公堵顺清河,力保淮扬原议为主脑,但欲堵顺清河以御黄水,必先挑吴城七堡河、碎石河,以疏清水,淮扬准保无恙。堵河、挑河两事，约需月馀，需银五六万两。抢堵则须加增。工未竣而水已涨，可以抢堵。堵顺清河，应调苇荡左营正料即芦柴并采买附近洲柴。定做苏缆五百盘。苏缆要空心五花、八花，每盘长五六十丈，价约一两零。在苏州山塘定打，五百盘约需二十天。敬之现存一百盘在清江普荫寺，但已隔三年，恐有朽坏。办木桩若干。尺一、尺二、尺三者始合用。以上力保淮扬粗法。堵蔺家山坝，保卫徐州，工程甚小，约费数千金。姚仲英谓昭阳南岸，旧有民埝加修，可保丰、沛。应履看顺清河、扬庄、刘老涧、旧河尾、荆山桥、蔺家山坝、韩庄、八闸、微山等湖、双金闸下之盐河、六塘河。敬之在江苏官场中，自系办工好手，而五河厘局差事闲美可恋。时事变迁，人才难得，可虑可叹。二鼓归舟作书，约吴紫湄至清江催刘受亭自苏速回。均托方子箴都转加封五百里排递。是日阴，大东北风。河营千总高发祥熟悉顺清、吴城、七堡、碎石等处，可禀请漕帅派令同行，或问里河厅王慕柳宗干亦可。

初四日（3 月 21 日）

早，往拜方子箴，渠以专保淮扬，不顾徐海为欠妥。因及筹费之计，淮北收买馀盐一纲，可得二三十万两。子箴力认其事。上年本有成说，得札即行也。归舟，适敬之来答拜，谈半时去，约俟省三到时再议一切。予拟禀制府云：敬禀者：○○谒辞后，初二日行抵十二圩，初三抵扬州。敬之尚未接奉宪札，想驿递五河矣。当以○○奉札给钞。窃意黄水如果南注，不外徐、海、淮、扬四州郡属，紫湄、受亭各虞辖境，未暇通筹，不若先与省三、敬之，同在局外之人，酌拟设防大略。再由○○履勘。初四日省三至扬，公同计议。以现在直东漫口水势而论，溜小或可停蓄曹、济之间，溜大必趋并南阳、昭阳、微山等湖。一由韩庄、马山经邳州、沭阳、海州入海；一由刘老闸经六塘河入海；一由杨庄李工以下之旧黄河经云梯关入海。此三路均属洼下，惟迂直稍有不同，届时水势趋重何处，殊难逆料。总之，邳州、海、沭境内，不堪问矣！上年侯家林决口，曾文正公定见，力保淮扬，有堵顺清河以御黄水，挑吴城、七堡、碎石河以疏清水一议。为今之计，唯有援照旧案，速筹堵挑，先固腹地，所费不过五六万金，即或工未竣而水已涨，尚可就料抢堵，所失者小，所全者大。省三、敬之意见相同。所极难防范者，海州为最，徐州次之。闻昭阳湖南岸，旧有民埝，及早修补，可保丰、沛。堵塞蔺家山坝，可保铜山。此外则毫无闻见，博访亦无论断者。顷已飞械邀约紫湄，迅过清江，或韩庄一带，会看情形，熟筹救急，以广宪台一视同仁、己溺己饥之意。受亭尚在苏州，亦已专函五百里，催其速回清江。○○明早自扬起程，拟谒曹帅，禀请酌派熟悉河务妥员，驰往直东决口处所，确察溜势，几分东流，几分南下，能否于无可堵筑之中，设一避重就轻之法。○○一面亲赴顺清河、杨庄、刘老洞、旧河尾、荆山桥、蔺家山坝、韩庄、八闸、微山等湖，悉心察看，另行驰禀。以备采择奏办。肃此云云。

　　初四夜，申刻入城，质之敬之、省三，以为妥。敬之留晚饭。回船已是十一点钟，烧烛缮函毕，四鼓就寝。是日阴，小雨。夜，小雪二分厚，北风极寒，春分节不应如此。子箴力保前任海分司、现办淮南总局许宝书，熟悉河务，结实可靠，而以李树萱为不可用。李随张屺堂挑仪河赚二千金，工程极坏。此敬之之言。

初五日（3 月 22 日）

　　早，遣人以昨缮禀送方子箴加封五百里排递。辰刻，至钞关门访刘佩香，渠奉札办鲜鱼庙案件，急获六人，可谓神速。午刻开船，仍是北风，行四十里，至邵伯停泊。是日阴雨，夜雪。

初六日(3月23日)

风颇小。申刻至高邮州,州署雇差夫六名,行至马棚湾停宿。自邵伯至此九十里。是日晴。

初七日(3月24日)

东南风,行百五十里至二浦,距清江只五十里。是日上午阴,午后雨。

初八日(3月25日)

未刻,抵清江浦,谒恩竹樵漕帅。拜欧阳健辉镇军,即留宿,烧烛对酌,故人之意殷殷。

初九日(3月26日)

早饭后出城,搬过健辉长龙船,仍至健辉处午饭,同席有熊定宇,旧任邳州被议者,老年豪迈,论事有识,畅饮不觉其醉。是日阴。

初十日(3月27日)

早起,栉沐。饭后,谒辞漕帅,并答拜数客。申刻上船,开至三闸下。是日未刻,接徐海吴紫湄观察回信,准于初九动身来清江商议御黄,予即驰函约至宿迁会面。是日晴。

十一日(3月28日)

早起过闸三道,皆用缆索数十人拖带。天妃闸水高三尺,拖带费力,三更始至桃源众兴集停泊。是日晴。

十二日(3月29日)

行至蔡镇,接到制府回信,及刘受亭信。立刻作禀复制府云:敬禀者:十二日午刻,桃源县属蔡镇途次,奉到初七日钧谕,并漕帅函稿,谨聆一是。黄河变迁,近年弥甚,北隅淤塞日高,东方销受吃力。愈决愈南,与东境蒙沂山涨,争道于南昭、独、微湖中,猛注江北,纵横四溢,不尽归前禀所谓三路以入海,意中事也。即幸黄水溜轻,挤清自足贻患,目下运湖底水,高于去春三尺,是其明征。堵闭顺清河一法,众论怫然。但谓不先挑吴城、七堡、碎石河以疏清流,则里运以堵而立固。果尔,此水实顺清河之旁代,不至增旧黄河之重累。容俟看明,遵即禀复。杨庄以下旧黄河,上年择要挑修,适幸侯家林下工合龙,今非昔比,利导宜时。宪谕拟于敬之、省三两君中,择一以任其事,驾轻就熟,无逾此两君者。应请速赐派定,以便赶紧兴作。漕帅谓挑河宜在仲春,诚为确论,迫不得已,只好自杨庄抵太平工、黄家渡,十数里内将河漕挖宽,如喇叭状,以受溜。再将下游塘淀抽浚,亦可畅泄,请宪台饬令,相机办理,亦不必狃于节汛过早之说,姑从来议也。顺清河工似宜并令筹办,力争急着。○○遍访淮扬避黄之道,亦有谓不修南岸旧堤,恐大溜陡至,溢出旧河以入里河,空负顺清堵口之力。此即省三先修缺堤之意。所虑残坏过多,工程浩大,仓卒有所不及。○○拟自杨庄顺道一看,藉资印证。委看直东漫口一节,虽属东省局事张本,于救急无与,于浚图有说。漕帅现亦无老手可委,俟受亭回时再商。紫湄来信,初九日自徐州起程。○○于十一日由清江上驶,约在宿迁一带晤商。堵筑蔺家山坝,已奉漕帅委李牧树萱往办矣。知关廑念,合并禀陈,肃此云云。

二月十二夜,申。亥刻,交宿迁县发驿五百里递去。予舟至宿迁,知吴紫湄已赴清江。水陆相左,而清河县令派快马代送约紫湄之信竟不及投,可怪之至。宿迁汛官秦、周两人来见,留予守候紫湄。客去,四更就寝。是日晴。

十三日(3月30日)

晏起。饭后,开船至宿迁东岸之旧河尾五花桥,去县城约十里,即永济桥北,六塘河头也。细看一遍,并令汛官将河口倒堤及口门水面丈量开呈。予意此处宜急修整堤坝,一以防水势泛滥,一以缩六塘河分数,藉轻海、沭之灾。工程尚不甚大。适吴紫湄自清江专函至,早晚即回棹会商,予亦作函约留宿迁相候。由宿迁县派马沿河迎投。看河毕,回泊县城。河下县令李湘浦德溥、守备涂运鸿来拜。是日阴晴,傍晚东北风暴起,竟夕不止。

十四日(3月31日)

住宿迁。拜客数处。晴,大风如昨。

十五日(4月1日)

早起,会拜武毅左军五营官。返至吴紫湄舟中,谈论良久。派刘县丞德仪往看六塘堤岸。饭后,偕紫湄开船上驶,行四十五里至皂河集。夜,过紫湄谈。是日晴。

十六日(4月2日)

早开船,行四十五里至窑河湾上岸,看邳州之竹篓坝。系山东沂河山水由邳州入境者也。再行二十六里至猫儿窝,邳州知州龚干卿之格来见。商令劝谕居民修筑堤埝,以保田庐。是日晴。

十七日(4月3日)

辰刻,偕紫湄至唐宋山。一路看运河西岸官堤应修之处甚多,并面谕绅董沿河修筑民埝,以保官堤外四百馀顷地。绅董欲公家稍为津贴,未敢遽尔答应。自皂河以上至唐宋山,无黄河旧堤,只有运河堤一道,故西岸更为吃重。猫儿窝以上,连运堤亦无有,任水之漂滥而无如何,可叹之至。未正开船,下行七十里,之皂河集停泊。夜,紫湄来谈。是日晴。

十八日(4月4日)

早起开船,四十里,午刻至宿迁小停。别吴紫湄。傍晚至任家渡,计九十里。是日晴。

十九日（4月5日）

早开船，二十里至众兴集。又六十里，未刻至杨庄。淮扬道刘受亭咸、里河厅王慕柳宗干先后至。会同查看杨庄旧黄河挑托坝，再看顺清河，旋由旱路至清江。与程敬之同在受亭处晚饭，商议治河先着。亥刻，出北门，至敬之舟中一谈。归舟已三鼓矣。是日晴。

二十日（4月6日）

谢客，舟居作禀，禀制府，未刻，交受亭排递。旋走谒恩竹樵漕帅。拜客数处。午刻，奉制府札，委令总办河工，即具禀辞之。敬之熟手不能诿也。至健辉晚饭，醉。归，即寝。是日晴。禀云：

敬禀者：十二日宿迁途次，禀复芜缄，亮蒙垂察。○○自清江顺看双金闸、盐河、刘老闸、旧河尾、五花桥、竹篓坝、隅头湖，至邳州之猫儿窝、唐宋山止。以上无堤可循，无险可守。于十九日回至杨庄，会同受亭察看旧黄河、顺清河一带讫。六塘达海道远，商由子梅另派县丞刘德仪往看未返。连日与子梅面议，徐、海首当冲要，滨湖倚海，千罅万隙，虽无术保护全境，要当于得尺得寸之间求之。待上苍之怜恤，慰众民之觖望。查自唐宋山至宿汛上下，清、黄之所必经，运堤残缺六七十处，越顶漫溢患犹小，冲决夺溜患乃大，即无直东漫口之事，修理自系堂堂正工，六塘销纳溜势什之六，实为淮、扬大助。其北堤屏蔽，因庐盐池甚广，自嘉庆间裁改厅防后，修守无人过问，欲轻海、沐之灾，苏沉沦之命，窃以为修六塘堤其最要也。邳、铜、丰、沛地势生来散漫，众流恣其钻趣。公家之力，万难兼顾。只有悚谕土著，筑埝自卫。求津贴在所不免。假使公款伏馀，亦差胜灾至赈贷、盗起简校之资。保全一区，安静一区，谓即为御黄上策。下愚亦知其说之大谬，不一谬矣！受亭上年所修杨庄挑水坝口，紧靠运、黄两河交界，逼溜东行，顺清河里许外藩也。将来挑吴城碎石河,堵顺清河不及,当以此坝合龙为救急之计。商之敬之,颇以为然。杨庄下旧黄河南堤,必应修补残缺。工程尚不甚大。惟时日已迫,农事方殷,与徐海运六堤工,恐皆系秋后事。如天之福。直东不增河决,太清畅泄正溜,则江北尚可徐徐布置也。○○准于二十一日动身回省,面禀一切云云。

再,敬禀者:二十日午刻,在清江接奉钧札。饬委○○会办河工事宜,感悚曷已。自问于河务工程形势,物情事理,向未留心练习,一无所能,且○○近年体弱多病,不耐劳苦,勉强从事,孤负要工,惟有仰恳宪恩体恤,收还成命,除俟回省具禀渎辞,并禀抚署漕宪外,合先陈明,伏维慈鉴。

二十一日(4 月 7 日)

午刻,自清江开船回省。东南风过大。申刻至淮安,停泊。寄子梅信。是日晴。

二十二日(4 月 8 日)

舟行百四十里至界首。上午西北风,下午大东南风。晴。

二十三日(4 月 9 日)

行六十里至高邮州。昨今两日大暖。风大不得进。昼晴,夜雷雨,寝不成寐。

二十四日(4 月 10 日)

行六十六里至邵伯。阴。作河务禀稿毕。

二十五日(4 月 11 日)

自缮禀帖,下午毕。行九十里至朴树湾。昼晴。夜雷雨。

二十六日(4 月 12 日)

早开船,三十里至十二圩。走访庞省三谈河务。申刻,至燕子矶,晤仲弟,即就印发督帅禀函。戌刻至下关。是日阴,晚晴。

光绪十一年乙酉（1885年）

十 月

十五日（11月21日）

行四十里至驮北墟左州境，有接官亭执事、哨勇伺候于岸。诸州皆就泊，余独行。行二十里泊通登。夜，州牧徐颖夫炳文遣使持酒、腿八色尾送，却之。过关碧泉、廖枢先舟中谈。子初寝。

十六日（11月22日）

早十里，过黄巢城。峭壁穴洞，圜若城门，迤北两石耸立，形如官廨门首狮子，其间有无门洞，舟斜过，山高而偏，不可望见。未刻，行四十里至太平府，署府曾伯鲁毓璠，江西太和人，署崇善县蒋珠浦如玥，湖南道州人，及府知事、典史、都司、毅字营官文上贵，先后来见。府县皆有礼物酒肴之馈，却之。夜，过虞裳谈。子初归寝。

十七日（11月23日）

微雨，府县尾舟送行，辞不见。五十里泊高坡。夜，邓铁翁来谈，亥正始去。太平近边瘠苦，山河笨重狞狰，绝少秀致，所过花鸟无所见，商民稀少，物产寡劣，视南宁、浔州、梧州远逊。谚云：桂林山水甲天下。不知彼间是何气象耳。

十八日（11月24日）

竟日微雨。舟行五十里泊驮版。夜，过邓舟谈。

十九日(11月25日)

行五十里泊陈村,苏子熙军门元春派哨弁带勇百二十人自龙州来迎。

二十日(11月26日)

行五十里,未刻泊湾村,距龙州十五里。龙州厅魏玠南伯,杭州人,来谒,亟言宦况之苦,似不耐瘠缺而怯官差者。余向来奉公,道途所过,绝不扰累,涓滴无所染。此行尤谨,亦不问他人辞受何如也。

二十一日(11月27日)

巳刻,抵龙州。王爵堂途次来晤,留之饭。至埠,众官迎迓。登岸拜苏子熙军门元春。谒护抚李鉴堂秉衡,适邓铁香先在,共论分界大略。入寓见客数番。寓室窄而潮湿,勉居数日,便当出关。厅官魏南伯馈酒席,却之。午后,李鉴翁来拜,谈颇久,盖直隶旧同寅也。夜,过广东会馆晤邓公,再谈某同知,招摇素著,不应留差,而邓偏执己见,余言颇激,然亦过矣。

二十二日(11月28日)

早,爵堂来谈。次,宾客纷至,先后接见。巳刻,出门拜客,未刻回寓。李护抚馈酒肴,却之。

二十三日(11月29日)

苏子熙军门、李鉴堂护院、蔡仲岐观察及洋翻译赫政、哈巴安,先后来拜。苏、李谈最久。夜过铁香。归寓,作电报寄上海,明日发。

二十四日(11月30日)

午刻,至院署,与邓星使、李护抚、王爵堂四人会议分界事宜。咸主界外数十里作为瓯脱,亦不得已之计。夜,作上海家信及善征信。

二十五日(12月1日)

早间,蔡仲岐观察希邠来,为余修饰东偏寓斋,以原斋秽湿不可居也。发上海电报,告平安。午间移斋东屋,高爽洁清。关碧泉、杨虞裳、廖枢先来拜。晚间,作彭雪琴宫保电信,明早发。

二十六日(12月2日)

早,发彭电信。李鉴翁来谈。午后,拜客数处。天气闷热,衣衫汗湿。接彭宫保复电。晚饭后,觉感风寒,寝不安帖。

二十七日(12月3日)

起稍晏。神昏头痛,甚不快适。检谟卿表散前方服之。昼间酣睡,日夕始饮烧酒二三杯,粥二碗。烛下,作复顾之信,粘钉发驿。

二十八日(12月4日)

病。巳、午间,爵堂来谈。奉(富)〔复〕苏子熙信。夜不成寐,寐辄幻梦。

二十九日(12月5日)

午,邀关碧泉、杨虞裳、廖枢先、尹仰衡、王爵堂饭,傍晚始散。夜,作子熙信。风雨竟夕,始觉凉适。

十一月

初一日(12月6日)

李鉴翁来商界务。去后,即过使署商拟电稿,寄总署,再催法使速来。将稿走商鉴翁,乃发。归寓已晚。

初二日(12月7日)

过关、杨、廖晚饭。饮酒过量失言,人虽我谅,自愧失德。

初三日(12月8日)

以函与关、杨三人谢过。下午,过星使,商界务。得天津傅相复电,允催法使,然迟早难定。若冬令不及会办,春瘴起,更不来矣,岂不误我公事。

初四日(12月9日)

香帅密电,意在力争越界,据理之论也。作沅甫世叔函,末言保全刘永福。夜,过铁翁谈。子初寝。

初五日(12月10日)

答拜尹仰衡分府恭保。过爵堂小谈。晴朗而闷热,甚不快适,昼寝二次,饮食亦少。夜,接子熙电,法使孤澡来勘界,月之二十一至谅山,二十五至南关云云。

初六日(12月11日)

过邓小谈。答拜同知黄宝田、侯鸿山总戎。夜,理各处电报。丑初寝。

初七日(12月12日)

晏起。爵堂来,同至邓处谈界务。午后邓铁翁来谈。

初八日(12月13日)

走视湘潭罗宇弥正谊病,代请杨虞裳诊治。午后,连接张香帅电信,意在力争北圻,广筹瓯脱,然恐不能。申刻,过爵堂公请邓铁香星使、李鉴堂护院及关、杨、廖三司员晚饭。亥刻归寝。

初九日(12月14日)

爵堂、仲岐来,偕往隔寓视罗宇弥病。午后,过邓,适李护院亦至,聚议界务,良久乃罢。

初十日(12月15日)

以界务电商邵小村。

十一日（12 月 16 日）

过邓寓谈。爵堂来。

十二日（12 月 17 日）

苏子熙电报，法人勘界兵士至船头，望间可抵谅山。香帅两电论争界，颇存意见，然不中肯。此公功名得意，早通经，未能制用，亦吾儒之病也。爵堂来谈半晌。

十三日（12 月 18 日）

写叶顾之信，哗言界务。下午，过邓寓，近晚方归。

十四日（12 月 19 日）

苏熙翁电，法人已至谅山，带兵数百人。傍晚，赴蔡仲岐之约。

十五日（12 月 20 日）

早，爵堂来，偕至邓处议勘界行期，爵堂明日先行，我等十七继发。申刻，过爵堂，公请蔡仲岐诸人晚饭。夜，丑初接苏电。

十六日（12 月 21 日）

冬至。寅初起，至关帝庙随班朝贺。归寓未明，复寝少时。检拾行李竟日。地方派夫不易。蔡仲岐商请迟行。夜，接苏电。

十七日（12 月 22 日）

未明（则）〔即〕起，促装。辰刻起程赴关。有苏军、王军亲兵二十馀人护卫，而蔡仲岐应付夫役不力，余乘舆先发。未正，行六十里至海村。邓铁香星使先在，遂止宿焉。洋翻译赫政、哈巴安，汉翻译李叔芸，随员吴竹虚同寓。行则边瘴崎岖，止则逆旅秽狭，良非善也。

十八日（12 月 23 日）

微曙即行，四十里至凭祥州，入苏子熙军门公馆少歇。更二十五里至幕府宿焉。

十九日(12月24日)

早行二十里至镇南关。驻营盘茅屋。少顷,李护院、邓星使先后至,聚议与法使交涉事宜。竟日疲劳。夜,早寝。

二十日(12月25日)

驻关。接上海家信,四侄拟暂回浏。

二十一日(12月26日)

午间,法人师克勤、卜义内、倪思来晤,泛论界务。夜,作函致铁翁,商会议界务处所。

二十二日(12月27日)

邓铁翁、李鉴翁及关、杨、廖自幕府来,酌与法人交涉事宜,亦无定见。下午去。余差片答拜师、卜、倪三人。

二十三日(12月28日)

寓居。

二十四日(12月29日)

早饭后,偕爵堂重过关前隘马统领仲平答拜。寻至幕府,晤邓、李商公事。傍晚回关。作上海、浏阳家书。

二十五日(12月30日)

作邵小村、莫善征信,托子熙加封驿递。夜,作龙州蔡、魏信,明日派人走取行李。

二十六日(12月31日)

为外国年节设馔,款翻译赫政、哈巴安二人,颇称欢洽。夜,作信复叶顾之。

二十七日(1886年1月1日)

栉沐。午刻,偕爵堂赴文渊贺法人元旦。法以十数骑来关迎护至文渊,排仗阵、军道左。主宾八人杂坐举杯,款洽。未刻辞归,送骑如前。

二十八日(1月2日)

法人约未刻来拜,以派队迎护一节稍有异言。师克勤来办,余据理驳之。师词屈,约定明日未刻来拜,仍由此间派队如前日待我之礼,而后我兵不得出关一说,涣然矣。师为人极刁狡,余不彼让也。

二十九日(1月3日)

未刻,法使浦理燮、师克勤、狄塞尔、卜义内、倪思及文案德林达六人来拜。我等公见之,尽欢而散。夜,至关碧泉、杨虞裳斋中谈。归斋,译电信二。子初寝。

三十日(1月4日)

星使、护院往文渊答拜法人。余以公事与星使意见不合,斋居不出。

十二月

初一日(1月5日)

与邓、李、王公议界务。余谓争界须有理,当以中国"边界"二字分析,论列争边不争界,咸以为然。

初二日(1月6日)

法人师克勤与邓星使论事无状。吾辈皆告星使措词未当。

初三日(1月7日)

在护院处早饭,商论公事。在邓星使处晚饭。

初四日(1月8日)

闲静无事。

初五

同。

初六日（1 月 10 日）

碧泉以病回龙州，往送之。

初七日（1 月 11 日）

在护院处公议界务。主者无术，恐误事机。

初八日（1 月 12 日）

未刻，四使往文渊与法人开议界务，多凿枘不合。夜，以笔记与星使争论。

初九日（1 月 13 日）

感冒风寒，竟日不出。

初十日（1 月 14 日）

未刻，法使五人来关会议，我等以东自兴安州起至谅山，以及芜封、高平、牧马、铁厂、保禄一带地方，均应归中国为言，彼多词争执不可，余频频持正论驳之详本日问答。近晚乃散。夜，得关碧泉至龙州不起之耗，为之黯然。

十一日（1 月 15 日）

夜，忽畏寒甚，厚被重裘，通宵不温。头目晕眩，四肢无力，不思饮食，夜寐不宁。如是者数日，服温散药三数剂，间食安桂至十八帖，觉神气清爽，病稍减，夜得安寝。

十八日（1 月 22 日）

夜二鼓，近营茅房火起，顷刻焚去十数间，皆小生意人。几乎延及到营，营皆茅屋，可悚也。

十九、二十、二十一日（1 月 23—25 日）

服周医药方，稍效。周为李护院所荐，郴州人，号云卿，诚笃士。

二十三日（1 月 27 日）

未刻,法使浦理燮等四人来关议界。余强出予议,稍稍发言析之,其事究未合拍。归斋将晚,尚不疲困。夜,作龙州蔡仲岐复函,及蒋统领宗汉、朱营官淮祥年信。闻三更后,营外有人放火,幸而扑灭。此亦边防营务懈弛之一端也。

二十四日（1 月 28 日）

仍服周医药。午后,作叶顾之复信。夜,齿痛与昨宵皆甚。

二十五日（1 月 29 日）

周医谓肾寒上犯,用附子、细辛、蓍术之类。一剂后,夜头痛稍轻。

二十六日（1 月 30 日）

栉沐。神气颇清爽,仍进昨方一剂。赫政至文渊。与法人议新界。不欲以湛江与我,我之说已罄,但尚未说到瓯脱一节耳。

二十七日（1 月 31 日）

早起头尚晕,周云卿谓气血太虚,进高丽参、蓍术、附子,重剂似有效。午后,过邓星使,出游未遇。过李护院稍谈。夜,作电信寄上海机器局,问化分火药何如,顺告善征报安好。明早发。

二十八日（2 月 1 日）

仍服参芪原方。午后,过邓星使、杨、廖谈。

二十九日（2 月 2 日）

服原方辅以羊肉、黄耆、附子汤,亦平平。

三十日（2 月 3 日）

不服药,食羊肉煮耆附及丽参。晚饭邀李叔芸、吴竹虚、顾七芗共饮。客中度岁,差不寂寞。

光绪十二年丙戌（1886 年）

正 月

元 日（2 月 4 日）

寅初起，盥沐，焚香事神明、祖先。诣朝班右侧官厅坐。寅正三刻，随班朝贺，共七人，东邓鸿胪、李护院、王粮道与余四人，西则苏提台及马、李统将也。朝班毕，大众团拜贺年。还斋稍息。午后，与爵堂及潘、刘共九人执升官图。夜，与王、李、罗手谈。子初乃寝。是日雨。

初二日（2 月 5 日）

午刻，爵堂邀饮，苏子熙兴豪且醉，余尚胜。酒席散，执升官图三周，铁翁及虞裳、枢先咸在。夜，复与邓、李诸公饮。爵堂处兵勇中善歌者数人，操胡琴唱帘外，亦客中边徼别致也。亥正罢。

初三日（2 月 6 日）

法使五人自文渊来拜年，待以酒果。傍晚至星使处商定电奏，详陈争界情形。夜，与星使、枢仙、爵堂手谈，五鼓乃罢。

初四日（2 月 7 日）

午后，与星使、护院、爵堂手谈。晚饭与爵堂设筵公请子熙，并在坐亲兵歌唱以侑。夜，复手谈。丑初罢。

初五日（2 月 8 日）

手谈两次。晚,赴鉴堂护院饮。

初六日(2月9日)

手谈。

初七日(2月10日)

同。

初八日(2月11日)

与爵堂合请马、陈、李三统将及潘慎甫、周云卿晚饭。

初九日(2月12日)

公请法使五人午饭,主客交欢。

初十日(2月13日)

未刻,至文渊与法人议界。护院托疾不去。法人坚欲先认老界,我等则欲兼及更正之界,往复辩论一时之久,卒不合拢。我等拂袖将去,浦使乃婉商改日派人再议,许之,并约十三日爵堂去。

十一、十二、十三、十四日(2月14—17日)

无事,间亦手谈。

十五日(2月18日)

未刻,法使狄塞尔及翻译海春来议事,余与爵堂接见。彼仅允以文渊、海宁、保乐让中国,我则更争新安、牧马两要害,以固边防。往复辩论,卒不谐。商之星使、护院,必应请旨定夺。爵堂邀晚饭。席散手谈。

十六、十七、十八日(2月19—21日)

间与星使、护院、爵堂商议界务。余谓彼已割地与我,急应乘机妥与了结,以免翻复生变,贻朝廷无穷之患。星使尚疑信参半,独护院胶执广争地土之见,不谙事机,不畏后患,且负气立言,明示主客意见,余婉商之,正言讽之,卒不悟。乃耸星使与商。

十九日(2月22日)

未刻,偕爵堂赴文渊,狄率海翻译接谈。余初援新安、牧马归我前议,不允,辩论再三,皆属隔阂。最后直弃新安、牧马,商令东路沿边各留十里,接至文渊,由文渊西达芜封之山,由山留沿边三十里,经上琅、下琅一带,接至保乐。渠初犹坚却,怵以如此迁就尚不肯了,是直不愿了此公事,只好从此罢议。渠云:且向浦大臣商量回报。酉刻,还南关,以所议告李护院、邓星使,咸以为然。

二十日(2月23日)

早间,邓忽私语赫政函致文渊,谓文渊以东沿边定要十五里,是使我与爵堂失信与法人也,是令法人嗤华人无厌,虽特许昨日十里、三十里之议,恐尚非止境,徒启欲心,不如两说皆不答应,宁可事败垂成也。婉止邓。邓以我识破机括,羞为怒,糊言辱我,我亦不稍让,大相争闹,拂袖归斋。少顷,爵堂、虞裳、枢先来相解慰。夜间,护院亦如之。余谓:我亦衔命来此,邓某如此无状,尚可一朝居耶?即制电言求合肥代奏,并具禀告病,命仆从安顿夫役,收检行李。

二十一日(2月24日)

早,虞裳来留行,至于泣下。爵堂亦然。是午,法人约赴文渊吃酒,令李叔芸具柬辞之。午后,徒步孤行不盈里。虞裳与侯鸿山、马铁岩、夏伟生诸人追及挽留,长揖遥谢,迅足前进。虞裳恸哭而返。将至关前隘,肩舆至,申刻抵凭祥州,三十五里,子熙坚邀宿军幕,从之。与彭铁仙久谈,此军中文人,亦善人。

二十二日(2月25日)

早,接李护院、王爵堂专函,固留,不可。饭后,行五十里抵张村上船。船为苏军运米者,子熙先令弁定三只。在后行李,以夫少不及赶上,泊舟待之。

二十三日(2月26日)

申刻开船,距龙州之三十里,夜泊。

二十四日(2月27日)

上午,抵龙州。移住去秋广东来龙坐船。船主黄承盛,粤人,尚勤谨。接李中堂两电。一云不便越俎代奏,一婉谕忍耐,留办界务。作书答爵堂。龙州同知魏南伯及蔡仲岐、向子贞、唐芷庵来,劝居行馆,辞之。且以护院电嘱坚留弗去,强为应允。其馀文武衣冠来拜者,却弗见,差弁答拜而已。藏庵送薪水津贴银,受正月以前应领者,二月则璧还。

二十五日(2月28日)

作李中堂电,极言邓办事纰缪,而展缓秋后,贻患无穷。余以去就争之,实不得已。下午,蔡仲岐来谈。

二十六日(3月1日)

早,发中堂电报,更作张香涛制军电,大同小异。下午,蔡仲岐来谈,馈绍酒一瓮。爵堂专函至。法使前日所许地,都已悔言。如我所料,邓之罪也。夜,作爵堂回信,粘固。

二十七日(3月2日)

栉沐。清理几案积件。是日新晴,甚暖。

二十八日(3月3日)

舟居。

二十九日(3月4日)

接张香帅电,劝予勿去。接王爵堂信。夜,作复。子初,接爵堂电,以邓意邀余还关。

三十日(3月5日)

巳刻,接李中堂电,已将我电转总署矣。下午,电复爵堂,不即还关。蔡仲岐、唐藏庵来谈。藏庵为我买交趾桂十数枝,在此地非上品,南方则珍。夜,早寝。

二　月

初一日（3 月 6 日）

答叶顾之观察详函,言前日与邓参差及界务,近尤棘手。钉粘封固,托仲岐排递云南开化府。下午,作电寄爵堂,宜相机速了界务。夜,复专差草函与之,略言勘界急策,并摘二十四邓电之错。

初二日（3 月 7 日）

往昭忠祠设祭吊关碧泉。下午蔡仲岐来谈。夜,抄各电报。

初三日（3 月 8 日）

下午,接爵堂两函,灯下复之。

初四日（3 月 9 日）

始制密电本,先以红字编排号码,约八千,然后（填后）填字〔?〕,非兼旬不能毕事。预备将来洋务之用。傍晚,接爵堂回信,夜作答。

初五日（3 月 10 日）

未刻,以电报寄北洋,言关上迭奉严旨,界务棘手,请其劝戈公使设法速结,以全大体。旋写信抄寄爵堂。夜,接爵堂来电,促我回关。

初六日（3 月 11 日）

上午,蔡仲岐来。告以日内将返镇南关,托雇夫相送。饭后收检行李。申刻,接爵堂专信,仍是促驾。夜,作书复之,许以日内成行,但不驻南关耳。

初七日(3月12日)

以皮箱一只寄存仲岐处。未刻电报,北洋傅相粤督。明日往镇南关。

初八日(3月13日)

早起,巳刻发龙州。未刻到海村,宿。桂店李分统应章字文斋率一营赴粤办匪,亦宿海村。晤谈两次,将领中最朴诚者。

初九日(3月14日)

早发,中途小雨。未刻,行七十里到关前隘马仲平营,居停,极殷勤。子熙、爵堂之所嘱也。

初十日(3月15日)

早饭后,赴镇南关途中,爵堂、子熙以弁兵相迎。先后晤爵堂、护院、星使。未刻,相将赴文渊与法人商约勘界地段、日期。论讫,洋工公照一像回关。爵堂留晚饭,夜间手谈。宿吴竹虚榻。是日接上海、浏阳诸安报。

十一日(3月16日)

下午,法人卜义内来关商勘界未尽事宜。护院招饮,秉烛欢聚。夜,手谈。子初寝。

十二日(3月17日)

上午,回马营寓斋。栉沐。申刻策骑回关,赴邓星使晚饭之约。夜,手谈。

十三日(3月18日)

回关前隘。寄李中堂电,告知自龙回关,即日起程勘界。酉刻,仲平邀饮。

十四日(3月19日)

收检勘界行李。

十五日(3 月 20 日)

早起，焚香拜母忌日。饭后至南关，未刻法使至，会勘关前界址，力争得抵沟楔为界，约地三十馀丈。夜宿南关。

十六日(3 月 21 日)

与法使勘关之东界，以州官言南向山头当属我，故争论未定。

十七日(3 月 22 日)

偕爵堂诸人起程，取道文渊，会同法人行四十里，至由隘。沿途稍稍勘视。夜，宿由隘村中。由隘外有闸门隘外栅。

十八日(3 月 23 日)

行四十里，宿越南板来村。村小屋陋。与爵堂共榻卧。

十九日(3 月 24 日)

行四十馀至罗隘，隘外为扣山隘，有外栅即界。临明州官陈简卿款洽周到，隘其属地也。

二十日(3 月 25 日)

早发，遇雨。停宿越南高连村，与法使互换自南关起至闸门隘止，辨认旧界。合约各附以图。高连村去罗隘约十数里。

二十一日(3 月 26 日)

行三四十里，宿越南简楠村。与法使商定自闸门隘起，至扣山隘止界址。法使创粗稿，余悉允之。

二十二日(3 月 27 日)

行六十里入那支隘，宿那洞村，思陵土州所属。是日。另派馗纛营都司及画图三人，向东北行，查看老界距大路远近，因法图界线太向北也。

二十三日(3 月 28 日)

住那洞,与法使换约,即二十一日所议闸门至扣山界址也。图、约均画押分执。

二十四日(3 月 29 日)

午前大雷雨,未行。

二十五日(3 月 30 日)

冒雨行十馀里至隘店。隘住景字新右营。李护院具酒食相款。酌界址图约。

二十六日(3 月 31 日)

住隘店。下午法使来换约。

二十七日(4 月 1 日)

早,起程行八十里,住长楔黄游击守忠营。其地属下思土州。州官、州同皆来见。

二十八日(4 月 2 日)

行八十里,住馗蠡营都司署中。

二十九日(4 月 3 日)

行九十里,住凭祥苏子熙行台。连日冒热生燥,吐血数口。

三　月

初一日(4 月 4 日)

行三十里,至关前隘马仲平营住。

初二日(4 月 5 日)

至南关住。令凭祥州李铨伍都司起祥协同画图数人,履勘关右山势。

初三日(4 月 6 日)

法使来商勘西路事宜。

初四日(4月7日)

与法使履勘西路各山,在文渊议论数时之久,尚未吻合。傍晚回关。

初五日(4月8日)

法使浦、狄、卜、倪、海诸人来关,小饮毕,偕行勘西路旧界。营勇引道,迂远崎岖,加以风雨,酉刻始抵岜山口隘。法人直无安歇之处,甚拂其意,亦无可如何。余偕爵堂辈至村住宿岜口村。夜,遣人送法使酒食,并派营兵护之。

初六日(4月9日)

停岜口村,以俟法使。

初七日(4月10日)

行三十里至板捐村,与法使议界务甚久。

初八日(4月11日)

行四十里至平而关,法使后至,留之同住村中,以便商办公事。夜,大雷雨,无屋不漏。

初九日(4月12日)

与法使议南关西手高山应归中国,意见不合。午后,邓星使自水口关至,复与法使会议,得山壁之大半而让弄怀废村归法。

初十日(4月13日)

与法使互换西路勘界图约自南关至平而,三更始散。

十一日(4月14日)

行五十里至彬桥,住。

十二日(4月15日)

巳刻,行抵龙州。护院率百官郊迎。竟日应酬。夜,早睡。舟居愈于馆舍多矣。

十三日（4 月 16 日）

答拜宾朋数处。

十四、十五、十六、十七日（4 月 17—20 日）

住龙。

十八日（4 月 21 日）

住龙。

十九日（4 月 22 日）

赴各署局辞行。与苏子熙订兰谱。

二十日（4 月 23 日）

巳刻开船，行五十里至宝剑山。

二十一日（4 月 24 日）

日行七十五里至高码头。四更后大雷雨，遂凉。

二十二日（4 月 25 日）

日行六十五里，过太平府，至黄巢城。

二十三日（4 月 26 日）

日行九十里，至去驮骡墟二十里，不知地名。

二十四日（4 月 27 日）

日行百二十里，至去新宁州十里。

二十五日（4 月 28 日）

日行百四十里，至杨尾墟，墟市甚大，泊舟。后与虞裳登岸游览，过铁香舟中久谈。

二十六日（4 月 29 日）

日行百三十里，至南宁村。各官来拜，未接见，礼物亦不受。

二十七日（4 月 30 日）

日行九十里,至钓鱼塘。

二十八日(5月1日)

日行九十里,过永淳县至高村。

二十九日(5月2日)

日行百里,至南乡汛下五里之三门滩。

三十日(5月3日)

日行九十里,至伏波滩头。

四　月

初一日(5月4日)

早起薰沐,事伏波将军。放舟下滩二十餘里,顷刻即过。余舟水师老练,当众舟之先,行百二十里过贵县,泊苏湾。

初二日(5月5日)

行七十里,至白沙汛。竟日风雨阻滞。

初三日(5月6日)

行八十里,过浔州,又三十里至牛子岭。

初四日(5月7日)

行百二十里,过平南至白马汛,平南县大镇也。

初五日(5月8日)

行百一十里,至蓉溪,去梧州三十里。

初六日(5月9日)

已刻至梧。拟与爵堂两舟少停一二日,听铁香先行,以免牵连应酬之繁。

初七日(5月10日)

申刻，与爵堂及其幕友三人刘吉六、王济夫、罗仲和至梧城石巷口万芳酒楼小饮。傍晚归舟。

初八日（5 月 11 日）

早开船，六十里到封川县，又六十里至榕塘，一名新墟，距德庆州二十里。

初九日（5 月 12 日）

早过德庆，行百里至奇槎汛。

初十日（5 月 13 日）

行百里，午刻至肇庆府。与爵堂登岸拜潘汉卿观察及府、县。回舟，三人及都司均来拜。府名绍荣，县名王崧，都司名邓。因风雨大至，遂停泊。

十一日（5 月 14 日）

行百三十里至小塘汛。

十二日（5 月 15 日）

行六十里至佛山镇。拜五斗巡检欧阳康山，字敬庵，名道庄，以安桂普洱茶遗之。渠报我新刻《汉书》一箧。傍晚，赴深竹居饮，爵堂诸人。

十三日（5 月 16 日）

行六十里至广东省城。泊舟花埭。游翠林诸花园。

十四日（5 月 17 日）

早，移舟五仙门。爵堂登岸，予仍住舟中，省应酬也。

十五日（5 月 18 日）

早饭后，赴皇华馆拜邓星使，谒督抚，拜萧杞山方伯、王爵堂观察，兼走谒何小宋制府，再过爵堂晚饭。

十六日（5 月 19 日）

早,方浣浴,陈荔秋副宪来拜。十年不见,留小饮,久谈。午后,访黎召民京卿,未遇。复拜荔秋,留晚饭。夜,作呈邓星使公文,将赴沪就医也。

十七日(5 月 20 日)

拜邓星使,送行,且言具有公文,即日往沪。黎召民京卿来拜,谈片时。

十八日(5 月 21 日)

复拜召民,遗以桂蛤之类。即访荔秋、爵堂,谈论颇久。

十九日(5 月 22 日)

荔秋来,久谈。此老颇有故人意。

二十日(5 月 23 日)

访虞裳、爵堂,至晚方归。

二十一日(5 月 24 日)

荔秋来谈半日。

二十二日(5 月 25 日)

往拜杞山不遇。下午荔秋来谈。小冒风寒,夜卧不宁。

二十三日(5 月 26 日)

服和解之剂,稍觉轻减,而泄泻不已。荔秋亲自馈药多种,又述黎召民天后宫别墅之约,辞之。

二十四日(5 月 27 日)

闻富顺轮船至,料理行装。作函辞荔秋、杞山、爵堂。请护照、写船票。所患泻未已,夜起数次,不能安睡。

二十五日(5 月 28 日)

侵晨,荔秋衣冠来送行。杨虞裳、刘吉六、王吉夫、罗仲和、李叔芸先后来送。虞裳稍及界务,憾邓铁香之信用马复贲、侯勉忠,以致贻误公事,妨害正人。议论虽正,然铁香岂能不信小人之人,马、侯非易去之人。同为慨叹而已。下午,杞山代借厘局小火轮至。是日服木香及正气丸,病少瘥,而通夕犹起泄四次。

二十六日(5月29日)

卯刻开船,小火轮拖送。巳初至黄浦,搬入富顺轮船,船方起米,今日尚不能起轮。独坐闷寂。

二十七日(5月30日)

夜,亥刻开船,未明至香港停泊。自酉刻两彻夜。闻广东旱,此甘霖也。

二十八、二十九日(5月31日、6月1日)

泊香港两日,皆大风雨,船主不敢行。

五　月

初一日(6月2日)

上午,犹大雨时行。下午稍霁。酉刻开船,风浪尚不大。

初二日(6月3日)

午刻过汕头。戌刻过厦门。日间浪静,夜渐起风,寅卯间愈猛,舟乃颠簸。

初三日(6月4日)

明后风雨并作,竟日东北风鼓浪,舟虽大而货物少,颠簸特甚。仆人惟马隆本差健,馀皆呕吐困惫。午刻过福山,申刻过温州山。

初四日(6月5日)

卯刻过石浦山,天晴风息。午后至宁波境,亥刻至吴淞口外停泊。

初五日(6月6日)

卯刻至上海天津码头,辰刻入寓。善征、石汀来,馀客皆谢不见。

初六、七、八数日(6月7—9日)

在沪旧友及制造局办事诸人多来候问,或见或辞,亦不复拜。

初九、初十、十一、十二日(6月10—13日)

连日齿痛,多方皆不效。舒德卿以西洋药水揩治,亦不效,极为烦闷。

十三、十四日(6月14、15日)

作书上李少荃中堂,言界务。并缄周至山。齿患未已,请吴平格方药。

十五日(6月16日)

作浏阳家信。

十六日(6月17日)

寓居。

十七日(6月18日)

作李鉴堂护抚信,言秋后勘界事宜。下午,同冯吉云乘马车看同文书局、造纸公司、自来水公司,皆机器为之,巧妙绝伦。至一家春洋菜馆晚饭,吉云为东。

十八日(6月19日)

作苏子春军门、王爵堂观察信与鉴堂函,并交文报局递去。

十九日(6月20日)

寓居。

二十日(6月21日)

同。

二十一日（6 月 22 日）

作书上彭雪琴宫保。

二十二、二十三日（6 月 23、24 日）

寓居。

二十四日（6 月 25 日）

作浏阳家书，令妇女法吾母太夫人在日，每日洁具烹茗，事祖先、神明。又，姻亲贺、廖两家存钱吾家，向无息钱，应筹还，俾各生息，或酌予息钱若干。

二十五日（6 月 26 日）

程松韵来谈。旋偕至善征处谈，晚饭后始散。

二十六日（6 月 27 日）

写挽六叔、周八舅氏联二首。又写广东所嘱挂屏四幅、楹联二首。夜，缄封前日所作家信。

二十七、二十八日（6 月 28、29 日）

寓居。

二十九日（6 月 30 日）

栉沐。间作字。爵堂遗函言铁香有人奏参，恐未必果，下午以一缄答之。

三十日（7 月 1 日）

寓居。

六　月

初一至初十（7 月 2—11 日）

皆寓居。

十二日（7 月 13 日）

文选:《两都赋》、《西征赋》、《善城赋》、《九辨》、《解嘲》、《与杨遵彦书》、《哀江南赋》七篇,《文献通考序》二十四首。天文:如丹元子之《步天歌》、《文献通考》、《五礼通考》皆载。地理:如顾祖禹之《州城形势叙》,见《方舆纪要》首数卷。以上所选皆宜手抄熟读,《曾文正公家训》中语也。

七 月

二十二日（8 月 21 日）

晚,在金利源码头搭坐广利轮船。

二十三日（8 月 22 日）

早五点钟开轮。

二十六日（8 月 25 日）

下午四点钟抵香港,登岸,寓鸿安客栈。

二十七日（8 月 26 日）

早,搭汉口轮船,上午八点钟开轮,下午四点钟抵广东省。寓油栏门鸿安客栈。自上海登舟以来,是夜始得安睡,无炎蒸臭虫扰闷之苦。

二十九日（8 月 28 日）

移寓粮道署萧杞山处。

八 月

初一日（8 月 29 日）

谒香涛制府,未见。谒豹岑中丞,谈甚久。访虞裳主政于南门外袖海楼。

初二日(8月30日)

早,约虞裳预祝香帅五旬寿。午后,拜本城司道府县。

初三日(8月31日)

早,祝香帅寿旦,两日皆不见客,不收礼。初三以后住广东省城粮道署中。

九　月

二十一日(10月18日)

因萧杞翁将行,乃搬移天平街蔡益卿同寓。

十　月

十五日(11月10日)

偕赫政及随员三人自广州搭火轮渡名保安赴香港,寓鸿安栈。

十六、十七、十八、十九日(11月11—14日)

住鸿安栈,候商轮。十八夜子正,曾劼侯自外洋归,至香港。余附李湘浦大令荆川小轮船往拜,侯已睡,闻余至则起,晤谈良久及别。回寓已寅初矣。

十九日(11月14日)

曾侯来拜,谈炊许。午后,遣行李上威利轮船。船为广东善后局委员向君、范君所搭,以送余赴北海者。酉刻,应湘浦新酒店洋餐之约。复与劼侯剧谈,席散,送之登舟。二鼓回寓,料理行李。

二十日(11月15日)

清早饭毕,登威利船,船小而坚洁。辰正开轮,颇有海浪。随员及仆从多晕卧。夜间浪益大,余连日疲乏,是夕熟睡。

二十一日(11月16日)

午后,抵琼州之海口。酉刻开轮。

二十二日(11月17日)

未正,抵合浦之北海,停轮合浦。香港至北海水程一千四百零八里,轮舟须走五十点钟,每点走英里八浬半。危帅臣大令遣家丁迎伺。余登岸入行馆,见客数班。晚饭后,分派重赍行李雇民船由海道赴钦州,托梁都司鼎勋照应一切。其应随身行李,及英人赫政、随员吴、余、刘等所需夫役,即夕安排。

二十三日(11月18日)

早,接见危大令。饭后起旱。行程六十里至廉州府。太守李宫山名遂、游击袁国祥学字小亭、县令危帅臣名德连及通城文武皆郊迎余入城。先拜府、县、游击,而后至行馆,先后接见宾客五次。晚饭后,危令来谈。子正乃寝。

二十四日(11月19日)

微明即起。府、县来见。辰正起行,府、县及文武官送之十里外。行六十里至乌家墟,宿。

二十五日(11月20日)

侵晨起。行二十里至单竹江,为合浦、灵山接壤。又三十里至挪利墟,茶点。又四十里至茶岭,宿,距灵山县城三百里。县令邓清圻字翰臣来谒,无锡人,滑吏也。

二十六日(11月21日)

侵晨起,行五十里至平银渡,茶点。钦州李牧名受彤,字燕伯来迎。带有王爵堂信,自东兴发。与李牧久谈,笃实君子。又四十里至钦州。州牧、参将以下文武官绅团练皆郊迎。以东城外李氏祠堂为行馆,颇静洁。铁香来拜。李牧以盛馔相款。夜,子初寝。

二十七日(11 月 22 日)

辰刻,出门拜客。铁香留早饭饮洋酒,微醺。夜,作电致张香帅。

二十八日(11 月 23 日)

无事。

二十九日(11 月 24 日)

饭后至虞裳、枢先处一谈。下午,作子熙、爵堂信。

三十日(11 月 25 日)

购马,试骑数次,得一匹,以二十六金市之。

十一月

初一日(11 月 26 日)

贺朔。客众,均不接见。午后,偕虞裳、枢仙游东坡书院、文昌阁电局设后院,留之饭。李燕伯州牧来见。

初二日(11 月 27 日)

往州城各官辞行。下午,发行李上船。夜,虞裳、枢仙来谈。

初三日(11 月 28 日)

寅初二刻起,卯初步行登舟,宾客送行皆不见。辰初开船,傍晚小泊候潮。

初四日(11 月 29 日)

卯刻,抵诵伦起旱。行八十里至防城小坐。又四十里至滑石住宿,此二处皆有巡检。

初五日(11 月 30 日)

卯正二刻起行,六十里至那梭,住宿。夜,作函复爵堂。

初六日(12 月 1 日)

住那梭至二十六则兼旬矣。始同法将至海宁,吾辈亦应前往会晤。

二十七日(12 月 22 日)

早行百里,申刻至东兴,住行台。李州牧及营官三人来见。

十二月

初四日(12 月 28 日)

偕爵堂过芒街,拜法副使狄塞尔、卜义内,温凉而已。

初六日(12 月 30 日)

法使来拜。

初八日(1887 年 1 月 1 日)

为法元旦,至芒街贺之。

初十日(1 月 3 日)

与法使狄隆等初次商议界务。议至年底,卒不谐。皆江午、白龙尾一带百数十里地也。狄使久居中国,人极狡诈。

光绪十三年丁亥（1887年）

正　月

初一日（1月24日）

寅初起，焚香〔祀〕神。卯初赴文昌宫，随班朝贺。是早，雷电大风雨，竟日不息。

初二日（1月25日）

亦热，广东气候异常，无足怪者。是月阴雨多，兼旬后始晴朗。

三　月

初五日（3月29日）

偕邓、王诸人赴芒街法使之宴。先会画辨认两广老界图约押。未刻乃入席。席罢与同事及法人照小像。

二十八日（4月21日）

早未〔刻〕起。沐浣，忽遭左手足麻木不仁之症。斋居，医药近两月尚未健步，而何郎中补剂较多，服至闰四月二十二日。奉总署电报，廷旨云："李兴锐病如就愈，即着来京，预备召见"等因。因定二十六起行至上海就医，而先托邓星使电复总署。

闰四月

二十六日(6月17日)

早发东兴。各营汛及王爵堂、杨虞裳、廖枢仙诸人,皆送之十里之罗浮江。上行百里至那梭,宿。同行有李叔芸、吴竹虚。

二十七日(6月18日)

早行九十五里至防城,因大雨遂止,宿。

二十八日(6月19日)

早饭后,行十八里至光伦上船。未刻,趁潮开船共五船,夜半距钦州五里停泊。

二十九日(6月20日)

早至钦州东坡书院,众客来拜,均辞以疾。唯见李叔端、赖守备连会二人。安顿夫役。州署送礼物酒食,皆未受。

五 月

初一日(6月21日)

早行,官场送至十里外。午刻,过平营渡,途次大雨。申刻至茶岭,止宿。是处属灵山县。自觅栖止,颇觉狭陋。是日行路九十里,山径崎岖。

初二日(6月22日)

早行,午初至单竹江,约程五十里。合浦县派差迎迓,并具茶,尖。再四十里,未正至乌家墟,宿四帝宫。合浦令杜培庵迎谒,便衣见之,即回城去,而留仆役供应一切。

初三日(6月23日)

卯初动身。午初至廉郡郊十里。李宫山郡伯、杜培庵大令、王福臣镇军及同城文武迎候。辞以足疾,不降舆,入城寓考篷。接见府、县、镇及丁子俊大使,馀皆却谢。下午,电请张香帅派官轮船来接。允派执中。

初四日(6月24日)

住郡。府县送礼物、酒食,不受。

初五日(6月25日)

端节概不应酬,差拜而已。

初六日(6月26日)

住郡。

初七日(6月27日)

住郡。

初八日(6月28日)

卯刻,动身赴北海,午正到。寓香评书院。见客数次,夜寐不宁。

初九、初十、十一日(6月29—7月1日)

住北海,候官轮船。

十二日(7月2日)

早饭后,上执中轮船。

十三日(7月3日)

寅正开船,亥刻到海日泊。

十四日(7月4日)

午刻开船,亥刻泊老洲。

十五日(7月5日)

寅刻开船，昼夜行驶。

十六日(7月6日)

未刻抵香港，寓鸿安栈。省中派向委员先至。

十七十八，十九、二十日(7月7—10日)

往香港。

二十一日(7月11日)

午刻，上广利轮船，傍晚开行。

二十五日(7月15日)

辰刻抵上海。舟次见客数位，即坐轿入北门新寓。终日见客，颇劳。夜，作禀李中堂，乞代奏病假一月。

附 录

一、李兴锐行状

诰授荣禄大夫、建威将军、署理钦差大臣办理南洋通商事务、两江总督兼两淮盐政、兵部侍郎、都察院右副都御史、江西巡抚兼提督衔、予谥勤恪、先伯考勉林府君行状：

府君姓李氏，讳字勉林，世居湖南长沙府浏阳县筱水圫。高祖讳兆明，赠通奉大夫，高祖妣氏刘，赠夫人。曾祖考讳宗任，赠荣禄大夫，曾祖妣氏罗，赠一品夫人。祖考讳祚承，赠荣禄大夫，祖妣氏张，赠一品夫人。考讳锡祺，赠荣禄大夫，妣氏周，赠一品夫人。

先世隐于农，先王父生府君兄弟四人，道光乙巳王父殁，伯叔祖议与府君析居，仅予薄田数亩。府君与诸季弟躬耕奉母，日则亲秉耒耜，夜则课诸弟读，刻苦淬砺，不以穷困自馁。既入邑庠，诸弟稍长，乃授徒邑中，修脯所入，岁仅数缗，泊如也。咸丰壬子，邑匪立征义堂乱作，势张甚。时值粤寇方图陷长沙，警报日至，人心惶然，邑几不保。府君命两弟奉母山居避乱，而自偕仲弟麓乔公会集邑人士，举行团练，清内奸，固众志，群情大定。会江忠烈公督师来浏阳，府君以民团助之，邑匪以平。而粤寇之陷江西抚州者，复由上高、万载谋窜浏阳，进窥长沙，巡抚骆文忠公急檄府君防遏之，乃与守备周虎臣趋防虎圫，运石作垒，斫木为炮，日夕死斗，贼虽众，终莫能逞。先是龙山李竹浯先生任浏阳教谕,有知人鉴,每以造就贤豪为己任,时府君方为诸生,先生一见奇之,语人曰:"浏阳人杰,无过李某者。"帅文毅公过浏阳,遇府君于竹浯先生官舍,促膝谈时事,夜分不少休,拍案起曰:"李君性情肝胆,可与共患难矣。"逾年,文毅殉难东乡,府君卒为收其遗骸,抚其诸孤以成立焉。

　　曾文正公率湘军东征,习闻帅文毅公称道府君贤,竹浯先生复以书荐,乃手书招致。府君从诸军出抚州,转战而前,谒文正于湖口军中,入参戎幕,与李文忠公、郭筠仙侍郎、李次青方伯讨论战守,多奇中,诸公均推重之。文正公旋檄府君综山内粮台。时皖南各郡县屡陷于贼,粮台驻祁门为往来孔道,贼所必争之地,警报时至,一夕数惊。府君卒能转运不绝,军食赖以常充。伪凤王古隆贤深忌之,尝乘雪夜袭陷祁门,府君先事侦知,设计匿辎重不以资敌,贼至无所获,即引出。又,江南现被兵燹,难民仰食于粮台者以万计,府君并于前一日结筏渡之,河北雪化,溪流盛涨,贼不得渡,难民悉无恙。有队长王义章者,私劫难民十金而逃,府君追获斩于帐下,以故虽乱离之际,民之依之者,未尝不安堵如常也。同治乙丑,唐镇军义训、金镇军国琛驻祁门,军士索饷,鼓噪相约叛其主将,府君单骑驰入营门,召强梁者谕之曰:"诸兄弟皆湘人,千里从军为富贵计,何为自残其类,使贼而蹑吾后,恐都无生还日矣!饷缺是粮台委员罪,约三日取偿,如不足,请杀我可也。"众皆释戈罗拜,愿听号令。府君复密访其为首者二人,白诸文正公,戮之,事乃定。金陵克复,综核报销,积存平馀银四十馀万,同官有以此为委员应得者,劝以自私。府君怒曰:"此盗贼之所为,吾不屑也,悉缴诸公家。"以礁务赴皖北,至荷叶洲睹白骨遍地,惨焉伤之,悉捐所入,节省局用,谋置义冢,拾露骨二万具,聚而瘗之。

同治己巳,曾文正公移督畿辅,奏调同行,与钱中丞鼎铭、陈副宪兰彬、游方伯智开、陈观察鼐、赵直牧烈文、方大令宗诚、金大令吴经偕,时有八贤之目。庚午,檄察畿南灾赈,冒风雪亲历各郡县,自奉与灾黎无异,每独造穷檐,私询所得钱米数,州县之廉惠者举之,贪侵者劾之,四阅月而竣事,民赖全活者甚众。补大名知府,入都引见,蒙恩以道员用,乞假回江南省亲,部议令以终养开缺。时曾文正复调任两江,檄办两江营务处,规画长江水师事宜,斟酌尽善,迄今犹守其规模。曾文正公薨于位,李雨亭制军继督两江,值日本有事鸡笼,江海戒严,招府君入幕,机要必咨而后行。府君谓防外患当自江海始,遂亲历江阴、狼山、吴淞、崇明履勘险隘,倡择要建台之议,长江筹建海防之策,基于此。光绪乙亥,总办上海机器制造局,事属草创,规模未备,府君既受事,乃谋扩而充之。函曾惠敏公就外洋考察各国新式,增建铁船厂、炮厂,考工选料,事必躬亲,经营十馀年,勤勤不倦,故能渐臻美备。

癸未,王母弃养,奉丧去官。乙酉,服未阕,奉特旨征召及禫应诏入都,旋拜随勘中越界务之命,随同邓铁香鸿胪至镇南关,与法使浦理燮、狄塞尔会议,法人狡狠,欲得越南全境,会主事者坐失机宜,争论不及,乃约以旧界为限。两年边徼历千里丛瘴之区,事未竟,得偏瘴之疾,左足不良于行。有旨充出使日本国大臣,先乞假赴沪就医,假满病不见愈,乃留沪养疴,贫病交攻,医药常不继,府君淡然自处,仅资吕间随使馀薪艰苦度日。友朋有资助者咸却之曰:“余贫惯矣,病废,天固阨我,何敢复以累人?”而奏咨开缺。逾年,李文忠公函约赴津,藉咨庶政,檄坐办北洋海防支应局。居三年,步履粗健。辛卯,委署津海关道,遇交涉事持重不轻可否,而一诺则立办,不诺则百折不回,外人咸悦服。乙未,补授天津道,受事方四月，朝廷以东抚李公之请，调补东海关道。时威海已为日本兵力所得之地驻兵，质偿兵费。府君目击外兵扰累，民不聊生，相与定议丈地圈界，使主客互守，乃得相安。东海常关定额向少，通商后税课渐盛，盈馀之数，他人卒以自丰，府君在任八月，悉以奉公，自加额征二万两，溢解盈馀四万两。丙申，升授长芦盐运使，未履任，先署直隶按察使。回长芦任未几，又升授福建按察使。丁酉，陛见出都至闽，先两署布政使，旋升授福建布政使。己亥，复入都陛见，调广西布政使。五年之间，南北徊翔凡八任，虽居职无多日，而勤政爱民之志不少衰。

　　庚子，蒙简任江西巡抚。值京津拳匪肇祸，六龙西幸，东南势甚岌岌，江西顽民乘势焚毁教堂数十处，莅任之始，教案积至二千馀起，外人要挟，因应棘手。府君先劾其不能防范之地方官十馀人，以服其心。具限三月，一律议结，赔恤之款八十馀万，不责之绅民，而筹诸捐款，俾免累及良民。嗣奉派赔款累百馀万，亦未尝以苛细杂捐扰及闾阎，惟裁节营饷以弥其阙。壬寅，调署广东巡抚，力除加征粮捐浮耗，严治胥吏上下其手，凡瘠地贫民，概免苛派。癸卯，调署闽浙总督，莅任即裁并局所以节糜费，设立商政以收利权，规制续备以肃军政，创立巡警以卫民生，虽措施未竟，而规模已备。甲辰五月，飓风为灾，亲出农田省问。中寒疾转痢，势极危，乞假调理。元气尚未尽复，即奉调署两江总督之命。府君以受恩深重不敢辞，力疾就道，八月到金陵莅任。两江地大物博，百端待理，昕夕筹思，不自暇逸。九月，铁宝侍郎奉命莅宁，府君犹于一日之间接见三次，商榷要政。次日，旧患痰喘大作。时值各国迫索赔款补偿金价，府君虑中国民穷财尽，力不能支，电商各省督抚，合词请外部代奏力争。殷殷注意，恒至夜不成寐。是月二十二日晨，语渐蹇涩，自知不起，口授遗折，以培养元气、振兴学务为根本至计，语不及私。延至巳刻，遂尔长逝。

府君生平好读书，不以学自名而务身体力行，起居饮食皆有常度，素性淡于荣利。从事曾文正公军中有年，值保荐，辄力辞，以故文正宾从多早跻通显，而府君至晚岁始受特眷于朝，授以节钺。自诸生至开府，仕宦数十年，要津贵人一无援系，惟忠诚结主知。朝廷知府君刚正，每言路有所纠弹，辄下府君察治，人莫敢于以私干下，严惮风采，时比之彭刚直。晚近仕途习于奔竞，府君于要人竿牍一不訾省，而振拔幽滞惟恐不及，士大夫有寸长辄能自见，故所至仕风为之一变。取人极矜慎，而察其人可用即任之不疑，虽潜间不听也，用是能得人死力。平生待人以诚，而人亦无忍欺者。尤爱惜物力，饭时粒米坠地必亲拾之，位至封疆，被服起居，无异寒素，仆从仅二三人。僚属供张有过盛者，必怒却之。三弟皆早世，爱抚诸侄，教养婚宦，无异所生，诸侄亦不自知其异于所生也。宦橐所馀，遗命子侄均析，无少等差。

府君生于道光丁亥年九月二十日寅时，殁于光绪甲辰年九月二十二日巳时，享年七十八岁。丧闻于朝，九月二十四日奉上谕："署两江总督、江西巡抚李兴锐，持躬廉正，练达老成。由诸生从事戎幕，擢升知府，洊陟封圻，历任江西、广东、闽浙等省，均能整躬率属，勤政爱民，朝廷深资倚畀。本年调署两江总督，到任未及两月，遽闻溘逝，轸惜殊深。李兴锐着加恩照总督例赐恤，任内一切处分悉予开复，应得恤典，该衙门察例具奏，赏银一千两治丧，由江宁藩库给发，灵柩回籍时，沿途地方官妥为照料。该署督子孙几人，着端方查明具奏，候旨施恩，用示笃念荩臣至意。钦此。"当经端制军具疏，胪陈政绩，并代递遗折。十一月初八日，奉上谕："端方奏，沥陈前署督臣政绩一折,已故前署两江总督李兴锐,平日居官卓著政绩,准其宣付国史馆立传以彰忠荩。伊嫡曾孙李谟光,着俟及岁时,交吏部带领引见,次孙安徽试用知府李鸿枺,着以道员分省补用。钦此。"旋蒙谕祭奠,予谥勤恪。配肖夫人,同邑肖同律公——女①;马夫人,同邑马才公——女;姚夫人,桐城姚申甫公——女。子熙元,先殁——孙鸿呆,先殁;鸿幹,出嗣胞侄昌澍;鸿枺——曾孙谟光。以光绪乙巳——年六月十三日,葬于桐坑木鱼山之阳。吕间追随府君三十五年,而得其教育者特厚,谨诠次生平,粗具厓略,以备史馆采择。如蒙当代大人君子锡之志诔,用光泉壤,世世子孙感且不朽。

二、禀　稿②畿南赈次

1. 禀曾爵相夹单

自大名府三百里排递

敬禀者:窃司员等奉委畿南抚恤灾黎差务,叩辞后,于正月初六自省起程,十二抵大名府,所过定州、正定、赵州、顺德、广平、大名属境,皆得初霶雪泽,一、二、三寸不等。既种之麦,渐有青意,独肥乡、广平两县,一片荒土,得雪又甚微,差幸地方一律安静耳。

抚恤一事,与钱升道熟商数次。定议司员兰彬往广平县,唐令焕章副之。卑府兴锐往肥乡。王令福忏往成安。惟各该县户口册尚未赉送到道,是否确凿可凭,殊难遥揣。计距散贷之日无多,势

---

① "——",原稿如此,下同。

② 时间为同治九年。

不得不速往兴办。拟于十六日起程，同赴广邑，妥商印官，体察难易，四人或先合查而后分贷，或竟分投办理，至彼再行酌定。此事全恃地方官得力。广平之吴令、成安之王令，夙有政声，谅能通力合作，融洽绅民。惟肥乡庄令新故，王代令蹊径尚生，应请中堂饬令藩司，遴委干员，迅速接署，以期周妥。至邯郸一邑，灾象虽轻，地面较广，民情多伪，久在宪台廑系之中。司员等既兼顾之不暇，亦委置而不能，因商请钱升道，另派分府之候补知州王牧昆崖，随同广平府长守专办，仍由司员等不时前往商榷。王牧外朴讷而内清刚，素为长守所赏识，必能力求妥善。

　　再查禀办之大名、元城、广平、肥乡、成安、邯郸、永年七县，壤地相接，一事不可以两岐，非有定章，难昭公允。业经钱升道酌拟数条，分札各属，仍抄录禀请钧裁。除设局、查户各事宜，容俟随时禀报外，理合先将司员等到差筹议各情形，肃禀慈鉴。敬请福安。

司员兰○　卑府兴○谨禀

正月十五日申

2. 禀曾爵相夹单

自肥乡县局五百里排递

　　敬禀者：正月二十二午刻肥乡差次，奉到十九日排递钧函，仰荷慈怀殷渥，训诲精详，感激无量。司员等在大名筹议赈事后，十七日诣广平县，十九诣成安，二十一诣肥乡，所至会商印官，延请公正绅者，接引教佐之质实能任事者，详述我中堂己溺己饥、专务实惠及民之意。天良人所固有，未尝不中怀感动，形诸声色也。以唐令焕章驻广平，王令福诈驻成安，皆已取齐该县底册，协同官绅，下乡挨查。注意总在贫乏万状、朝不保夕之流，非此既环跪哀求，只当以好言慰解,徐俟斟酌。广民苦而地面微狭于成,成灾轻而邑宰较逊于广。密嘱唐、王两令,平心静气以求其是,和衷共济以竟厥功。两令勤能,当资得力。司员迹于二十三返广局,悉心经理。卑府恪遵宪谕,专意肥乡。此地居受灾永、邯、成、广四县之中,村庄多至三百以外。据王代令面称:曾于极贫户中,仅抽老弱残废一口至三口,综计已逾二万五千口,犹恐不无漏户,应补之数尚多。是清查固繁,调剂亦势有所不及。本日已派教佐及府委四员,辅以妥绅数人,分领乡段,四出严查,俟局事布置稍就,卑府亦即亲自赴乡,勤求遗滥。目下四人分查三县,以期迅速。设肥事繁剧过甚,当将以广、成馀力,匡所不逮,虽分犹合也。三县皆有户口草册,足供核对,其清册则未一律造详,当系审慎不苟之意。新拟七县条款,业经钱升道禀呈,亮蒙宪核。条中未明定一次散放,而贷法似不必分作多次。陆运大宗钱文,究难同起到局。一户不分两次清领,四乡不拘一期散放。当日大名会议,定见如此。是否有当?伏乞训示遵行。

　　粮食常价,大米每升制钱八十二文,小米七十五文,白面每斤三十四文,视往年不止加倍。惟逢乡镇一、五赶集之期,稍为轻减。肥、广、成三县情形略同,皆仰食于河南亦同。幸粮车之自清丰、南乐、开州来者尚多,刻下似不虞其缺乏,将来应否设局平粜,容俟随时体察,商由钱升道禀请钧裁。天津解银易钱一节,现经钱升道预为备办,开年筹兑,不及冬腊宽馀,幸数止二万,日期当缓,办理当不掣肘。司员等初以为陈守元禄取巧之计,虑其接踵营求,有碍赈事,昨致幕府代禀一缄,不觉语言过激,兹事明谕,惶愧实深。种荷下询,缕列禀复。敬请福安。伏惟垂鉴。

司员兰〇　卑府兴〇谨禀

正月二十三日自肥乡申

录呈条款一纸

敬再禀者:去冬屡奉中堂面谕,每大口应赈两月制钱一千八百文,即钱升道初详尚拟贷钱一千二百文。此次条内减为一千,系从斟酌挹注、推广恩施起见。金言畿南民情质直而重利,同遭旱歉,嗟怨东西之邻,即论家贫,亦只微茫之辨,而或霑厚泽,或叹偏枯,恐绝望之人太多,即援手之心未称哀盖之计。是否允当,统祈示遵。

　　　　　　　　司员○○　卑府○○谨再禀

3. 原拟畿南办理赈粜章程
呈曾爵相,嗣因改赈为贷,此章遂未核发

第一条　抽查户口

一县中应分别轻灾、重灾之乡村。一乡一村中,应分别极贫、次贫之户口。大致以粟布无可易,糠秕无可啖,典质既罄,鬻妻卖子之类为极贫。仅有耕牛籽种,别无剩本馀粮,度日艰难,农事寝废之类为次贫。放钱专救极贫,平粜兼及次贫。其大口小口,以十五岁上下为定。清查之法,地方官平日有地粮册、烟户册、保甲门牌册,本年有各乡报灾案卷,皆可作底。印委会商,分派公正老实绅耆数人,督同地保,逐村挨查,再由委员抽查,不经胥吏衙役之手。查毕,造具清册,先期榜示。倘有浮开匿报,任意厚薄,准漏开之真贫户口于两日内喊禀,一经查明,除将不实户口扣去、移给漏开之户外,并将承查绅保严罚。过两日喊禀者不理。倘有地方棍徒卖赈吞赈等弊,五千以上枷责,十千以上立毙杖下。如系诬告,均即反坐。跌价卖票者,予受同扣,游勇流亡混赈者扣。

第二条　酌筹经费

　　每县总委一员,月给薪水〇〇两,每厂分委一员,薪水〇〇两。绅士每员薪水八两,书识每名辛工四两,夫役每名日给制钱一百六十文。总局月给油烛纸张杂用制钱十千,分厂各六千。地保工食,视事之繁简酌给,每月至多不得过二百文。运钱脚价,按里核算,事竣由印委各员,会衔造册,汇总报销。厂局自委员以下,概不准向地方官供应,尤不准扰累民间分文,违者重处。

　　第三条　严定赏罚

　　赈事民命所关,必须优赏在前,峻法在后,方足以示劝惩。在事各员,办理得法,印官记大功一次,委员酌量给缺,绅士附案请奖。其有侵吞赈款者,按律从重定拟,书役家丁弊混失察者,除将该丁役尽法惩治外,失察之员,立予参撤。局厂内有枷锁刑杖等件,以一事权。

　　第四条　开设局厂

　　每县城设一总局,总委员驻办,另择适中乡镇,设立分厂,大县二厂,小县一厂,每厂四面相距以三十里为率。厂内委绅二人,书识一人,夫役五人,各就本地慎选派充。委员一人,综司一厂之事,先期按所查极贫户口,填发印票,由委绅赴村散给,分定日期,各该户自遣亲丁一名,持票到厂,厂员验票加戳给钱。左入右出,以免拥挤。大口每名日给制钱三十文,小口十五文,每十日赴厂一领。每赈日自辰刻起,午刻止。凡老弱妇女病废人等,不准赴厂。间有畸零小户,家无亲丁,准绅保代领转给,侵扣者查出严办。分日放赈之法,如初一放厂东各户,初二放厂西各户,以次及于南北。十日之中,四日放赈,六日造册查勘及稽察籴厂。

　　附录　平籴

　　极贫次贫,皆准请籴。筹籴之法,一曰开仓平价。先期查明各州县有无常平义社仓谷。有仓谷者，由地方官开仓发厂，一面具禀申报。有仓无谷，及有谷朽烂者，另行筹备。二曰设法招商。大名厘局抽收一切粮食厘金，自二月初一日豁免。牙行侩徂抢跌市价，及本地刁民照官籴之价强买商粮，均行严禁。三曰绅富乐输。境内殷实之家，有愿自出囷谷、平价助赈者，事后量予奖叙，不愿者听放籴或就本地粮食店代办，或另设厂，随地斟酌。大县城内一厂，四乡四厂。小县城内一厂，四乡二厂。每厂四至以二十里为率。委绅一人总理，书识二人，分管验票收钱，发帐造册。夫役八人，管升斗出入。委绅稽查一厂，委员稽查各厂，不妥者随时更换。籴价无论米面杂粮，概照市价每斤酌减制钱四文。仍限以大口每日只准买一斤，小口半斤。五日轮籴一次，每籴日自辰刻起，未刻止。其给票验票，分期出籴等事，与赈钱条同。籴价贯串存厂，循环收买，以三个月为度。

4. 会拟办贷章程
在大名与钱调甫观察酌定，由钱分札并详院

一、确查户口

此次抽办借贷，系就各县灾重之区，择其老幼妇女病废，糠秕无可啖，典质无所施，及种地不满十亩者，名曰极贫，分别酌贷。大口每名制钱一千文，小口减半。全在查造户口清册，细而且确，某户应贷，某户不应贷，五雀六燕，力持其平。清查之法，以地粮册、烟户册、保甲门牌册及去年各乡报灾案卷，互证参观，由印委各员，协同公正明白绅耆，督率地保，遍历各乡，挨户清查，不经胥吏之手。其有印委未及督查地处，仍须抽查核实。总求无滥无遗，如有浮开匿报等弊，一经发觉，立将承查之人严究。棍徒及书役甲保，

卖户私吞,种种作弊,五千以上枷责,十千以上立毙杖下。事关民命,立法一概加严。

一、慎选绅董

各乡村户口贫苦情形,惟本处绅耆,见闻最真,关顾最切。应由印委各员,于一县中访求德望素优、品行卓著者,以礼延接一二人,名曰总董,帮办一县之事。再由总董按村举报明白公正绅耆一二人,名曰村董,帮办一村之事。查户与之同查,给票与之同给,以及领钱、放钱等事,均令帮同经理。以本县人办本县事,直如一家人办一家事。十室之邑,必有忠信,是在有司诚意求之。

一、先期给票

贫户应给执照,由道刊发空白双联贷票,盖用关防,发交印委各员,于查清极贫户口后,即于票内填注口数、钱数,票根存局备查。发票截给贫户收执。散钱时收回。并取具该村总领一纸,村董保状一纸。倘有遗滥,断唯该董是问,事竣检同全票,一并解送来辕备核。

一、择要设厂

各县地面,广狭不等。城厢设立总局之外,各乡镇须分设行厂。四面贫户相距,以三十里为率,东乡事毕,移厂于西,以次推及南、北。行厂办事使令诸人,即由总局带往,不敷或就本村添派亦可。届期各该贫户,自遣亲丁一人,持票到厂,厂员验票加戳给钱。左出右入,以免拥挤。每日辰刻放起,午刻放竣。凡老弱妇女病废人等,无庸来厂,间有奇零小户,家无亲丁者,准村董代领转给,侵扣者查出严办。至各该县应请贷项钱文,核定后,应令绅董亲赍印文,带领车辆,赴道请领。惟陆运繁重,到县恐难同期,散放自宜分先后,然总不得逾半月之限。

一、明定赏罚

凡印委各官,查造核实,散放均平,应有尽有,应无尽无,贫民概沾实惠,全活甚众者,即当吁恳督宪恩施,从重奖励,行司注册立案。各县总董,办事公允,一并禀请从优奖叙。其各村董,即由本道酌量奖励,以昭激劝。如官绅等经办此事,不能实力奉行,弊窦百出,以致怨谤沸腾,惟有懔遵谕旨,据实禀明督宪,官则立予严谴,绅则从重惩罚,以重民命而普皇仁。

一、酌给经费

上年被灾各县,钱粮少征,差徭多免,平日办公,已形拮据,今复增此贷钱一事,动辄需费,未免累上加累,应禀请督宪恩施,所有运钱脚费一项,有班车之县,先尽班车载运,不敷则酌给车价,无班车之县,即派绅董雇车。其价准撙节开报。此外下乡之使用,设厂之经费,应由地方官自行捐办,如实在竭蹶,无力垫办者,准稍为酌量开报,不准浮滥。至各绅董往来盘费,每月每人酌给薪水六千文,以示体恤。

以上筹议六条,仰即通行遵办。至有未尽事宜,许各该县各按地方情形,妥实筹议,随时禀请核办。

5. 告 示

为晓谕事:照得肥乡上年旱灾稍重,现蒙爵阁督宪奏准酌借贫民口粮,暂救目前之急。本司等奉委清查户口,专抽一村中极贫之户,一户中极苦之老弱病废。欲期实惠及民,必先严防冒滥,合亟示谕。为此示,仰军民人等知悉,务宜静听挨查,示期发借,应借者不须营求,不应借者不必希冀。如有书役痞棍,串通强借包借,及村民控饰冒借,查出严拿重究。至官绅下乡查户,丝毫不扰累民间,如有假冒名色,需索哄骗,许村民禀诉,立即查办,决不姑宽。
切切,特谕。正月二十七日

6. 牌　示

城乡村舍,均已派员分段细查,原期无滥无漏,尔等理应遵照
示谕,静候查验,滥者听扣,漏者听补,秉公核办,自有权衡。嗣后
再有纵令妇女孩童结党成群来城混求者,应即由县委查明该村户
一并扣除,以儆刁顽。特谕。正月二十八日

7. 禀崇地山宫保夹单

敬禀者:窃卑府久暌钧范,百念依驰。稔知苶昼辛劳,未敢时
以泛常禀渎。敬维宫保大人勋高望重,德盛化神,夷夏倾心,颂祷
无量。

畿南赈贷,县分稍多,曾爵相谕令卑○与陈荔秋副郎分任肥
乡、广平、成安三处。前月十二行抵大名,筹议一切。即经分投灾
区,妥商县令,择教佐,惟期健勤举绅者以寄耳目。窃意抽赈莫难
于查户,将欲于极贫、次贫分析,在微茫秒忽无论,势力有所不能,
亦非长者宽仁本意。计惟以几分心思,尽几分力量。总期君恩臣
泽,涓滴归民,不任渗漏而已。翘仰鸿规,进求教益,祷甚幸甚!

目下查造有绪,散放当在中旬。天津开河运钱,计到此适当其
时。昨奉爵相函谕,谓宜俟津钱一齐运到,再行分乡分期,较为妥
当。拟请宪台俯赐饬委同时起解,沿途催趱,俾得早到大名各县,
得以分批陆运,及时散放贫民,深为德便。肃此敬请钧安。惟祈垂
鉴。卑府○○谨禀。二月初一日自肥乡县,申。戌刻排递五百里。

8. 禀军需局司道夹单

敬禀者:窃卑府拜辞台阶,动违榘训,瞥睹灾乡之落寞,心随广厦以依驰。辰下敬惟(烈)〔列〕宪大人福庇畿疆,祥开春令,本笃棐之至念,当感召乎休征。用是赓歌飏拜以咸熙,乃作舟楫霖雨而系望,上颂上祷,不尽区区。卑府自正月初六离省,十二行抵大名,筹议一是。旋同陈刑部遍诣灾邑,妥商印官,择教佐惟务健勤,举绅耆以寄耳目。酌定王令福讦办成安县,陈刑部与唐令焕章办广平县,肥乡则○○任之。查验浃旬,寖有眉目。肥乡约需二万五千串,广平一万八千串,成安一万六千串,合七属而札计之,十万串断断不敷。钱臬宪必有发棠之请,爵相固早筹虑及此矣。又念抽赈莫难于查户,将欲于极贫、次贫分析,在微茫秒忽无论,势亦有所不能,亦非长者宽仁本意。计惟以几分心尽几分力,总期君恩臣泽,涓滴归民,不任渗漏而已。翘仰鸿规,进求教益。祷甚幸甚。

散放之期,当在中旬。昨奉中堂函谕,谓宜俟津钱一齐运到,再行分乡分期,较为妥当。卑○已飞禀崇宫保,恳即饬委,齐速起解,应请宪台迅赐,分饬沿河数州县,随在加夫趱催上驶,俾早到大名各灾县,得以分批陆运,及时散给贫民,深为德便云云。二月初一戌刻。五百里。

9. 禀曾爵相

排递,五百里

敬禀者:窃司员等接奉正月念七亥刻钧函,于查户、筹款、散赈、平粜数大端,谆谆致诲,仰见我中堂无日不以大人赤子之心,注畿南灾害之地。伏读数过,钦瞩莫名。谨分条禀复如左:

一、广、成、肥三县明以贷字喻民，阴以赈法查户，求者不令滥准，准者或亦多求掺纵之权。总以盖藏有无，食指多寡为准。八口量予四串，极贫歠粥矣；一村更查三番，厄穷无怨矣。诚求不遗馀力，去取一秉至公，誓此顺事恕施，或有万一得当之理，至欲慰问琐屑，毫发不差，流言不作，诚如宪谕，势亦有所不能也。嗷嗷待赈之口，广平已得一万八千，肥乡二万四千。成安早经王令德炳举报三万一千，经钱升道严批驳斥，卑局亦缄属王令福详细查核减。据称：初间可以查遍，核实约在一万六七千上下。此外三县各有闻赈来归，或经绅耆保正禀补，或复查添补，另立一册，汇总核办。

一、七属赈钱，前在大名公同约计十万串，勉强足用。迨查办各举端倪，觉分润尚虞支绌。问赈之奢望不足据，抽赈之本义亦宜周。即如司员等经办县分，穷极不可增损之数，广平必需一万八千串；肥乡必需二万五千串，成安必需一万六千串。他如邯郸、永年、大名、元城四县闻需五万有奇。是已浮于十万之外颇多，经费犹不在内。宪虑深远，宏济优加，不知灾黎何修得此。遵即将原谕寄致钱升道。顷接复函，已将商会天津周道通融筹拨各情形，驰禀宪鉴。仍请中堂咨行天津，于初次解银二万之外，综解制钱十万，饬由协饷项下，就近汇还银两，俾原款添款同起南来，免至由省转拨。

一、大口钱一千，遵不再减。散放之法，县境狭近、村少，分期易；辽阔、村多，分期难。设四乡局，分乡易，分期亦易；设一城局，分期难，分乡尤难。各县情形不同，惟有随时随地斟酌经理。如一乡有适中可倚之镇，即应下乡设厂，连期散放，否则谕令近者按期来城，远者村董领给，张帖榜示。若无村董，或有亦不可靠，另以委员局绅一人监之。大致一县之中，旬日内外放遍为最妥。奉谕俟天津钱船齐到,再行分乡、分期,不可脱空太远,洵属至当。昨已飞禀崇宫保饬委齐速起解,并请军需局司道急札沿河州县,加拨纤夫,趱催上驶。容俟津钱报到有期,再与钱升道会商具禀。

一、平粜事绪繁重,非预先立法尽善,得人尽当,断难望其始终条理。奉谕粜局之设与不设,视雨泽之有无为定。细询此地,二月得雨,可长菜、麦,可种棉花、高粱、芝麻、小米、豆粟之类。三月得雨,能种不定能收。过此,年成不可问矣! 天心仁爱,未必偏增南郡邑之人,令其连年饥馑。然风云或有不可测,筹济不妨先其难,万一春分前后不雨,即当吁请恩施,统筹粜法,维系人心。其时赈务将竣,司员等尚当分任一乡一邑,稍纾仁宪捍灾救患之忧。诸关厪怀,胪列禀复。敬请福安,伏维垂鉴。

司员○○　卑府○○谨禀
二月初四申

10. 代肥乡县令禁涨粮价告示

为剀切晓谕事:照得肥邑去年旱歉较重,四境萧然,民不堪命。荷蒙大宪怜悯,抽贷荒月口粮钱文,冀解倒悬之急。此正贫善出死入生之时,凡有天良,皆当感发。向来报荒县分,富户捐资助赈,殷商出粜济人,所以彰善念、顾桑梓也。此次尽由公家筹款,并未借资富户殷商,已属格外体恤。不谓竟有家道颇丰、附和求赈者,更有屯粮甚多、乘机抬价者。一则占贫民口分,一则阻饿莩生机,居心不仁,论法当惩。本县素闻肥乡风气善良,今何以忽有此种恶习? 除由抚局严查冒滥户口、遵章注销外,为此示仰城乡各屯户知悉:以前逢集递增粮价,姑念尔等义利未明,往事不咎;自示之后,纵不及遵议酌减,断不准任意再增。将来散放钱文,人人须买粮食,贫民明沾数文之光,尔等暗造一分之福,天良不可没,利己当恩人。肯听吾言即皆善类,如有奸商劣贩,故意勒价居奇,本县四处派人密查,一经觉察,定即重罚存粮以消民怨,照例严办以儆刁顽。本县从荒年民食起见,尔等当能共谅苦衷,切勿自贻伊戚。懔之,慎之! 毋违。特示。二月十四日

11. 禀中堂夹单

五百里排单

敬禀者:窃司员等于本月初四日,具禀赈粜数条,谅邀钧览。

目下查户核册,办等计日,以及派雇钱车,备办村榜、户票等事,次第就理。探闻天津初六、七开放钱船,二十间可抵大名。再以三、四日车运到县,月内尽能动放。大县拟一日放三四村,小县一二十村,以旬日为度。庶最后者无容争先,当补者亦可早及。广平、成安两县,原拟钱数,足资敷衍。肥乡既苦且广,大段比较,似须稍加二三千串,乃为啬不半,已缄商钱升道许可。伏查肥乡通县村庄,有去年未准灾者十一处,父老求恩,情词恺恻。细询其处,介在灾区之中,虽非颗粒不获,而贫民延息望救,情形与众相同,但未缓征,不便言赈,欲求两是,只有从权。商之府县,拟援办灾,县分凡附近成熟村庄,得请一体缓征之说,暂勿催比上忙,再由卑局量拨钱文,作借籽种,此觉情理两协,差副中堂胞与无外之意。成安村庄亦有恍惚类此者,缄属王令妥商印官,斟酌抚恤。邯郸赈务,据王牧昆崖等禀称,已查准九十八村,大小口八千八百有奇。合计后来补遗所需不及万串,该牧办事认真,一切妥贴,足纾廑系。

本月十一夜得雪二寸,粮价仍有增无减,肥市尤属不经。初意缺涨,及暗访城中屯粮,尚觉充实。莫非刁商揣量赈期,预为垄断

张本。揩累贫民，莫此为甚。向来救荒，从无抑价遏籴之理，此次情事不同，不得不为民谋食。因嘱县令剀切出示，禁止陡涨，俾赈户多得升合，商家获利，未尝不丰。愚昧之见，是否有当，统乞训示祗遵。肃此上叩福安。伏维垂鉴。

司员○○ 卑府○○谨禀
二月十五日

排递五百里申刻发

敬再禀者：昨闻刘军门松山督攻坚寨，中炮殒命，骇极，恸极！迹其往日，含涕誓众，奋发岩疆，夜战穷追，入深出险之概，久已舍生报国，义烈慎胸。及念智勇双绝，仁爱行师，百战勋名，壮年天夺，上有老母，下无嗣息，不觉为之涔涔泪下。关中去此一将，狂贼罔惮，不问可知。第老湘一军，从来未曾挫衄，我中堂深信其可用，维持调护十馀年矣。此次骤失主将，系属极难。未知接统何人，当能整饬似旧，为刘军门一伸忠愤否？廑怀增恻，部署遥遥，不知几劳焦虑。

司员○○ 卑府○○谨再禀

12. 禀中堂夹单

五百里排单

敬禀者：二十七接奉二十三日钧函，殷然以灾区不雨，播种失时，粮价昂贵为念。旋荷积诚上格，感召祥霙，自二十六日始阴，申刻小雨，次夜小雪，二十八将霁复阴，自二十九申初至夜半，大雪得六寸，三月初一再得六寸，两次风静云浓，情形甚溥，遣人诣四乡探视，可融透旱地六七寸，播种皆不后时，舆诵欢腾，足慰苾廑。粮价惟前月上中两旬，每集必长京钱一百，事属不经，人情骇动，一时权宜示禁,非欲其不长,但防其猛长。盖视常价业已过倍,核之豫东成本,商利自厚,粮车自多,尚无远商畏避之虞,且系一而不再之举。宪虑深远,无任钦佩。雪后出困求售之粮必多,村人又得醵赈钱以资采买,若三月内再得雨泽一二寸,百谷生长,至于有秋,粮价定当递减。平粜一举,应否不需筹办,敬乞钧裁。

闻各属多于二月开征,但不知输将何似。大致灾重者不缓亦无可追,灾轻者不追亦可。当缓视州县之贤不肖何如耳。司员等前禀未准报灾各村,借给籽种,勿催上忙者,知有不可以赈妨征之势,因参用明征暗缓之法,庶可征村户,无所藉口。宪意如欲分别奏缓,或请密饬钱升道,细心体察,禀候核夺,通缓似可不必也。

津船于二十三日行抵德州,初二三当泊大名。前月初接钱升道来函,拟赈大名二万一千串,元城一万四千串。近日核定户口,即有增减,亦当在四万串以内。统计银钱两款,绰有盈馀。肃此禀复云云。

司员○○　　卑府○○谨禀

三月初二日申

13. 发票榜示

肥乡县抚恤局示

兹查得某乡某村应贷春粮若干户,每户应先给钱票一纸,业由本局发交该村绅董某某、公正某某、地方某某转给各该贫户收执。定于某月某日放钱。届期仰各派户长一人,持票入县城某门赴关帝庙内向该村厂领取。凡老弱妇女病废,一概不准来城拥厂。家无户长及壮丁者,准由绅董邻佑代领。无票取钱者不给。票据钱文被人侵吞者,准其喊禀,立即严究。特示。

　　　计开某乡某村

　　　某某户制钱几千几百文

　　　某某户制钱几千几百文

　　　　同治九年某月某日示

　　　　实贴某乡某村晓谕。

　　榜后附示

　　榜内如有死契地多户、活契地多户、代种地多户、无地家道殷实户、别有大宗生业户以及假名捏姓户、重开户、外出并无其人户、凡属不应借贷,暂时未经本局查实者,仰该村绅保等秉公查扣,或由该户情愿将贷票缴回,皆足以验民风之醇厚。倘有甘心冒滥,本局日后亦必查出。凡冒滥制钱一千者处罚制钱十千,仍将所罚之钱分给该村极贫户口,其无后悔。特此再谕。

14. 禀中堂夹单
五百里排单

　　敬禀者:本月初二日,肃具禀函,谅邀宪鉴。天津钱船初七齐抵大名,由钱升道分期发县。先永年、邯郸,次肥乡,次成安,次广平、大名,元城最后。每箱装制钱三十千。洪纤尚确。卑局先期分给村榜户票,随派委员赴乡密查,遇有榜未张贴、或贴榜不散票者,立刻追问。伏查肥、广一带城厢,曰城关、四乡,曰四路一村。二分曰牌。村中绅富者老曰公正,地保曰地方。平日追呼徭赋,一任地方之所欲为,公正不敢发一言、决一事,即有争讼,州县左袒地方,遂益弱肉强食。统而论之,公正虽未必尽系善良,地方则无一而非豺虎。此次办理赈务,既不得不借助于村人,即不得不力矫其积弊。发票之先,令在局办事总董,按村特选公正,出具切结,由县令传谕到城,酌予川资,当堂交给榜票。其距城二十五里以外村庄,赈钱亦令综领转给,地方不过随同听命,不赏川资,不假事权。董获异气,黑白异形,混则相攻,必然之势。且遇民智计或绌,耳目则周,邻近相形,有弊立睹。总董在局月馀,核册查户悉矢公勤,绝无丧心昧良取巧偾事之类。凡司员见闻思议所不及,即嘱总董四路访查,遇有痞棍地方把持唆耸,及不肖公正情弊确凿,视其轻重,分别惩处。登时派员驰赴该村,代散钱文。数日以来,此辈不过二三,而缴回冒滥之户,无日无之。前禀谓畿南民情质直而重利,此其明证也。

开放赈钱之期,广平十五,五日可毕。肥乡十六,十日可毕。成安十八,七日可毕。每日黎明开厂,日中放竣,一律安静。间有闻赈来归,及原册遗漏之户,除准由公正代为禀明,另行酌补外,理合将现在放赈情形禀请中堂察核。再询,据村民口称,四路地亩多已布种,十六竟日小雨盈指,足资生发,粮价不长不跌,亦不缺之。诸关仁廑,合并声明云云。

司员○○　卑府○○谨禀
三月二十日申

15. 批李超然禀

肥乡县正堂张抄奉抚恤局李批南路西西屯庄公正李超然、范珍等禀请补赈一案。

查抽赈专为极贫中衰老幼弱孤寡残疾而设,例不准分文冒滥。此次本局经办赈务,有无地一家准给数口者,亦有有地准其老年或小口者,是已于核实之中,隐寓推广之意。容或失之宽厚,断无所谓偏枯。此外，纵有应补漏户，以及闻赈归来，谅不过一乡中数村、一村中数名而已。及阅各处求补禀词少或三五名，以至七八名，多则十馀名，以至二三十名，已属不近情理。尤可怪者，南路西西屯庄，原准不下八十户，而请补开至九十馀口，且系地多之家，并有准过之户，若非有心朦混，何以糊涂至此。此事选用公正，原冀其事事秉公，不避嫌怨，似此谬妄代求，实属有辜委任。本应将该公正等照冒赈例惩治，姑念初次禀渎，暂予从宽，应将所请补赈诸名概行不准。惟此禀是否出自公正，抑系被人窃名，仰即明白禀县，以凭核办。如再含混，决不宽宥。至赈钱有限，不过权济目前，稍可周展之家，何乐与贫民争此微利。人心不平，天心何能默转。嗣后各路村庄，除实在极苦漏户，准由公正禀候酌夺外，如再有不当求而求，挟制公正具禀者，一经查实，定即严办。懔之慎之。此批。三月二十一日

16. 赈毕告示

照得肥邑所请制钱二万八千串，已经散尽，分文不留。凡城乡各村人等，无容再来哀求。即所得或有未均，亦不必故存计较。但愿天公降尔丰年，数月后家给人足，胜事区区赈钱百倍矣。至各村公正花户，偶有因赈兴讼之事，得钱有限，花销讼费甚多，且致邻里结怨，殊觉不值。自今各宜安静，毋得再起争端。至嘱至嘱。此示。四月初二日

17. 禀中堂夹单

四百里排单

敬禀者：窃司员等奉谕分办畿南赈务，曾将办理情形，随时禀报在案。现已一律完竣，广平用钱一万八千串、肥乡二万八千串，

成安一万六千串。散放不经胥吏，涓滴皆在民间。差足仰副宪台仁廛，共见共闻之事，下至妇孺亦有知识歌颂出于自然，此恩实逾恒泛。除将户口册籍票据分别点交各该县令造销外，理合开具简明清折禀呈中堂钧览。再，司员等并无未完事件，拟于初五日偕唐令、王令回省销差。合并禀陈云云。

　　　　　　　　　　　　　司员○○　　卑府○○谨禀

　　　　　　　　　　　　　四月初三日

附:赍呈请折一扣

谨将广平，肥乡、成安赈款开呈钧览。

广平县一百三十五村，并城关八处，共户五千八百零六，大口一万六千零七十，小口三千八百六十，共赈制钱一万八千串文。

肥乡县三百二十村，并城关十处，共户一万七千零四十五，大口二万三千三百二十八，小口八千九百二十八，共赈制钱二万七千七百九十二千文。招夫找补运钱车价等项零费钱五十八千文。县令张守元借支经费钱一百五十千文，通用制钱二万八千串文。

成安县一百四十村，并城关六处，共户一万二千八百零三，大口一万四千二百零四，小口三千五百九十二，共赈制钱一万六千串文。

以上三县共用制钱六万二千串文，请款并无存馀。合并声明。

三、班车事宜①七月二十三录毕

1. 直隶总督曾国藩札

曾中堂札。为札饬事:照得本部堂履任以来，遍加询访，直隶

----

① 时间为同治八年。

赋轻徭重，百姓之病，不在粮而在差。窃求恤民之道，莫如酌减差徭，除兵差、大差另为核办外，有柴米油烛鸡鸭之差，有麸豆号草之差，有换马之差，有班车之差。总而言之，曰杂差。而班车之差，民尤病焉。班车之利不尽在官，而在在官之人；班车之害，不在富民，而在穷苦无告之民。何以言之？州县遇有车差，或五六辆，或四三辆，胥役持票下乡，追呼逼迫，刻不容缓。民间供差甚难，托为代雇，不得不以钱应之，亦有先代雇而后索钱者。而胥吏之应官则又暗中抗违，并不如数供给。是官索二车不得一车之用，而民间则二车已费四车之价矣，此一弊也。直隶有绅户不应差之说。近年来，从九监生不甚爱惜，豪猾捐十馀金即滥入绅户之列，从此包揽影射，而其亲族里党遂皆投匿欺隐，悉入包庇之中。绅户日多，供差之户日少。于是蓬首垢面之贫弱良民，供应车差层出不穷，摊赔独累，此又一弊也。大道有车，州县遇有用马之差，以车代之，图省喂养，损民自利。大道无车，州县有用夫驴代车者，任意征求，不加爱惜。更有贪吏滥索车辆，折价自肥，则弊之尤甚者也。今若将各项差徭概行裁革，既恐长小民抗玩之风，而各州县亦多窒碍之处，惟班车一项，极宜大加裁汰。但各属情形不同，若不查明核办，不足以昭允当而资办公。该守牧等为亲临上司，耳目最近，凡各州县班车章程，不难查其底细。合亟札查。札到该〇立即查明所属各州县班车如何派办，是否包差，并每年出车若干，有无一定额数，各就地方实在情形，并酌拟裁减章程，详细开列，限一个月禀复核办。本阁部堂珍念民艰，体谅僚属，必使民受其益，而于官亦无大损，方为妥善。务须查核清楚，勿得稍涉含混。切切。此札。

同治八年五月二十一日札。六直隶州，九府，四路厅及总局司道。

2. 易州知州夏子龄禀

咸丰元年裁除杂差十五项,运〇〇〇陵糈之社车亦裁,其馀留办大差之人夫、车马、柴炭、草束等项,减定数目,照例发价,而民间抗不遵办,由州照民价雇给,米车自于定、兴、新、容等县雇备应差,并无班车可以裁减云云。

3. 易州涞水县知县李金堂禀

所属涞水、广昌两县

以前应差,票饬四乡派车,道光三十年裁革。现遇差事,均系县中给资雇备,不复票派,并无班车云云。

4. 深州知县刘秉琳禀

所属武强、饶阳、安平三县

武强县票饬四乡均匀派办。饶阳县四套车阖县大小村庄轮流摊交,二套车阖邑大小村庄分数酌派。县署赴获鹿买煤牛车,按春秋两季,大小村自行轮流派办,均无定额,亦无包差班车名目。应如何裁减,恩出自上,州境僻处省南,一切车辆俱系自行价雇,并不派办云云。

5. 定州知州汪鸣和禀

所属滢阳、深泽二县

州境四乡共四百二十三村镇,为四十三约。向来有四约不派车,其馀三十九约,分为上下两班,一班二十约,一班十九约。每班派车二十二辆,赴号供差,两月换班下号。嗣因各约内有户少民贫者,分别酌减,每班二十二辆,只有十三辆当班,两月馀九辆,当差三、四、十日不等。又近因兵荒之后,该州将各约应办班车,分别减免三五成不等。向来班车不敷之时,另票派牛驴车,差竣放还。该州到任后,即将此项裁免。如遇差多,自行出钱添雇,赔累已属不堪,实难再减。滏阳县处山陬,向无班车名目,各项差车,俱归四乡承办。委员等过境差车,由城关无论衿民,有车之家轮借,由县给予工料价。深泽县照章按村轮流派车,每年约计派车八十辆上下,均无可议减云云。

6. 宣化府万全县县丞王铸禀

张理厅所管日外地方,向无差使,不派班车,亦无别样杂差名目云云。

7. 顺天府南路同知萧履中禀

所属霸州、保定、文安、大城、固安、永清、东安七县

所属七州县皆非冲衢,向无班车、号车名目。查得保定县小邑无差,即偶有递犯等差车,随时雇觅,民无扰累。大城县由津赴省大道,兵差向归衿户承办,不假吏役之手。杂差于咸丰十一年,民人李云碌京控,部文行查,同治三年藩司委员会查,将大宪过境鸡鸭、栅栏濠墙、炭车、署内泥糠车、甜水车、运米车六款裁革。其馀大差车马、大宪过境马匹及号草秣秸、委员饷银、递犯等项,并监狱荆棘麦糠硝斤、道差人夫器具、运土协济、考棚卷箱等车、岁修衙署监狱夫役土坯等十三款,仍旧。固安县或长车给价,或雇运一站,均系由官指办,不累民间。霸州、文安、永清、东安四属,归附近村庄轮流出差受雇,俱用牛驴。一州一县统计各村每月出车,或一村

一辆,或数村一辆。顺属南路各州县,向无车行,借资民力,所摊无几,并无苦累不均,亦无包差敛钱等弊,请毋裁减云云。

8. 西路同知邹在人禀

所属大兴、宛平、涿州、良乡、房山

大、宛、良、房四属,并无班车。遇有差务,自行雇车供差。房山驿站项下,额设号车十辆,专供西陵祭祀差务,夫料车工,例支造报。冬间祭祀,在四乡添雇大车四十四辆,二套轿车六辆,官发价值。惟涿州日备二套大车班车四辆,送号当差,官给工料,如差多车少,官自添雇,与民无涉。其递解人犯、饷鞘车辆,历系州属四乡之三百七十馀村,自行伺应。公举首事,住城支应。核计每月二三村出车一辆,不敷,官自添雇。日久相安,未便裁减云云。

9. 东路同知余汝修禀

所属通州、三河、蓟州、武清、宝坻、香河、宁河七州县

通州潞河和合驿,通、三、蓟,系京东大道,繁缺甚苦。前有车行当差,现在逃避。凡兵差及递解饷鞘、过往委员,均饬车头雇车,无论大小,每套官发行价制钱四百文。三河县兵差雇用民车,官为发价,价无定制。至日行递解等项,有号内额设常车二十六辆,车价归工料项下报销。蓟州兵差大车,每辆发雇价东钱二十四吊,不特官不能派办,且时受民间挟制,至递解及一切常差,均按民价自行雇用。武清县系由津赴京通衢,递解人犯车辆,民间供送,各村轮流应差,无定额,亦非胥役包办,民皆乐从。兵差及寻常解饷、供送委员等车,均发官价,向不派差。宝坻、香河两县,遇有兵事,宝坻照旗三民七,均匀派办。香河则用价赴乡雇备,其本地起运粮

租,解审发配等事。宝坻归承办书役雇车。香河粮租车亦系自雇,解审所发车价,核扣原差工食,馀差车辆均由署内照时价雇用。宁河县偶有差事,均系捐廉雇车,并不派办。大差均按旗三民七之例均派,衿户一律遵办。

10. 遵化州知州瑞庆禀
所属丰润、玉田两县

州境设有石门、遵化两驿。每驿各有额车十五辆,专供驰驿之差。至接递人犯、饷鞘等差雇用民车,雇价,单套每辆每站发行价京钱一千文,回空半价京钱五百文,双套加倍。此项雇价,均系由州捐发,民间并不供派,并无班车名目云云。丰、玉两县俟另禀。

11. 永平府知府桐泽禀
所属滦州、卢龙、迁安、抚宁、临榆、昌黎、乐亭七州县

永属差徭,屡经分别裁留,并无班车一项,无从议减。大差及学院回京,运送山海、永丰等仓兵米豆草车辆,并号中草束,向系借资民办。乐亭县东、西、南、北、西南五乡,每年折交制钱二千五百一十五千,分春秋两季,各班头役向各地方催作上下忙起解饷鞘及递送公文人犯。委员过境车辆之用,不经官吏之手。昌黎县每年按六堡折交制钱四千串,向不出票,亦由各差役按季催收,作为前项因公之用。此皆旧章,不知始自何年。现拟将昌、乐二县钱文各酌减二成,饬县示谕云云。

12. 署冀州知州叶增庆禀

所属南宫、衡水、武邑、新河、枣强五县

　　州属向无班车名目。其馀车辆借资民力者，供送委员，批解钱，接递本省人犯三项。其派办章程，南宫、衡水、武邑三县，分四乡牌甲。新河以阁属之村并为二十四官村。枣强以四百一十馀村，分为五十五地方，内分上中下三等。上等每村出车一辆，中、下以三分之二轮流派办。视远近定雇价，有车之户出车，无车之户帮价，均由本官量差实派，并不包差。统计每年用车不过百辆，不至苦累。惟衡水县署内人等，因公出境，亦派民车，易启滥索，应即裁革此项，由县捐廉雇用。本州差车名目同县，按阁属村庄并为五十七官村，挨次轮派，酌给喂养，每岁用车不过三四十辆，应请循旧，毋庸议裁云云。

13. 大名府知府李朝仪禀

所属大名、元城、南乐、清丰、东明、开州、长垣七州县

　　所属七州县，并非驿路通衢，向无班车名色。大名县兵差轮派民车，有一村出一车，有二三村合出一车，官给喂养，每套京钱八百文。供给委员、递解人犯，亦系轮派民车。起解地粮，向照民价自行雇车，无定额，无包差。元城县派差，分四乡为四路，四十二地方，皇差、兵差，衿民并派，杂差全由民户办理。嗣东南两路应差，每年每亩地约需制钱一百内外，西北每亩二百以外，北路之黄金堤，每亩一千，南路之寺庄，每亩四百文。道光十年，均徭改议上地每年每亩交制钱六十文，中地减三成，交四十二文，下地减四成，交三十文，分四季交纳。一切车辆杂差，县中自备，绅衿仍优免本身，

各衙门书役门斗，各营兵丁，仍免派差地三十亩，鳏寡孤独、有粮无地、有地无力者，查明优免。咸丰年间，水旱偏灾，袗民呈请，经前任将额定差钱递减四、五、六成不等。有力之家，报捐从九监生免差，现时折差钱文，不及从前十分之四。至供应委员、递送饷鞘、人犯等车，照旧由县自雇，每套每日给制钱五百文。批解地粮，同治四年以前，系张铁集十地方摊出车价，现因减免过半，车价不敷，约计每车须由县津贴制钱十二三千、十四五千不等。南乐县共三百五十五村庄，分为五十二社，遇有递解饷银、人犯，按社轮派车辆，每车每日给车夫饭钱二百文，喂养则系乡间按八家出一车，自行凛敛，不经吏胥之手。委员过境起解钱粮，均系照民价自行雇车，并无班车名目。清丰县无班车名目。委员过境向系票分四路派车，并无额数，起解地粮、递解人犯、运送饷银等车，系发价雇觅，并无以少派多、摊赔折价之弊。开州无班车，差务均于民间派办。道光年间，民户每年每地一亩出制钱至百馀文，张前任裁减，令民间每亩出制钱三十文。内大差九文，马差三文，遇差始派，馀十八文，每年麦后秋后，分半交官办公，不复分项出票，行之四十馀年。自咸丰五年以来，每岁黄水必至，村庄多淹，各前任于完善村庄分派，每次约收差钱二千串，或三千馀串，不及从前三分之一。今年麦后，亦仅收三千馀串，除去支应饭食赏号，实收不过一千馀串，即按麦秋两季征收，亦仅二千馀串，供应一年解送地粮、银鞘、委员、递解人犯车价及一切杂用，所费浩繁，办公竭蹶。东明县无班车，亦无包差。衙门招解犯人一名，出车一辆。兵差有上宪行知，派用每车一辆，每日官给制钱一千文，无行知则照民价雇给。委员过境、递解人犯等车，均按民雇，由官给价。长垣县无班车，亦无包差，惟拉运院府试卷箱，每次出车一辆。衙门递解犯人一名，出车一辆。衙门拉运煤斤，每月出车一辆。兵差及委员过境、递解人犯等车，与东明县同。七属遇差派车，事系循旧，官民相安，尚无浮勒病民之弊。车差患在绅民不均，期分别生、监、出仕以及顶戴荣身者，均匀派免，则生监纠多人上控，应请宪台主持，不准隐匿包庇。又车差之累，莫如兵差，有明文者犹小，无明文者今日三四十辆，明日五六十辆，官令书差代雇，四处搜寻，有力者出钱买放，无力者车去无归，而书差无不享利云云。

14. 北路同知吕圻禀

所属昌平、顺义、怀柔、密云、平谷

所属五州县，向无班车。平日一切差使，怀柔、平谷用车甚少，官为发价，不借民力。昌平亦发官价，由各班雇贴，须防差役勒索之弊。顺义、密云或发官价各班津贴，或由牙行供应，民间所帮有限，经理得宜，尚不至多累民间，似可无庸议裁云云。

顺义所禀，有班车，有包差，弊病似甚于别属。

15. 顺德府知府任道熔禀

所属邢台、沙河、南和、平乡、广宗、巨鹿、唐山、内丘、任县九县

邢台首县差繁，从前额设民车四十一辆，每辆每年轮流应差三十次，归二十四村共办。道光九年，减车六辆，后又议折差价，每年交纳包差制钱二千三百五十二千文，由二十四村按地摊派，仍优免衿户本身。无论兵差常差，均由官自行雇车供应，惟〇〇〇大差仍随时派办。沙河县兵差、大差随时派办，此外并无班车及包差钱文，常差系官捐办。南河县向来递犯车辆，民间供应；大差、兵差随时派办，其馀一切杂差及班车差马，每年共交包差制钱二千二百四

十馀串,计每地一亩派钱六文半,绅衿优免本身。道光二十四年核减一次,每年交包差钱一千九百六十千文,一切车马杂差,均在其内。平乡县向来兵差、大差随时派办,杂差随时摊派,弊端百出。道光十四年绅户上控,禀定每地一亩,每年衿户出钱六文,民户十三文,共派钱三千六百一十馀千,一切车马杂差,均包在内。近因中式文武举人阖村减差徭二成,现每年只收包差制钱二千八百馀串。广宗县大差、兵差随时派办。班车一项,向系包差。从前每地一亩,每季派大钱五文,每季收钱六百馀串,计差地一千三百馀顷。同治二年绅民禀请,减去一半。每年共收大钱一千二百馀串,一切车差杂差,皆包在内。巨鹿县〇〇〇大差、兵差随时派办,常差官自捐办,并无班车差徭。唐山与巨鹿同。内丘县〇〇〇大差随时派办,班车一项,向无定额。嘉庆、道光年间,详定阖境村庄每月出帮车六十二辆,再每月出雇车一票,六十二辆,每辆发价大钱四百文,每月共车一百二十四辆,兵差、常差皆在其内。近今每月增至二百五十六辆之多。已饬县核减照旧。任县差务各村有应车者,有交钱者,多寡无定。书差作弊,现经绅士控告,饬县查明禀复云云。

16. 口北道独理口理事同知裕光禀

本厅招解递解人犯,由赤城县丞拨用附近牛车,不发价值。委员过境,由多伦厅赤城县拨给长车,均与厅无涉,并无班车云云。

17. 河间府故城县知县张学权禀

县非驿道,向无班车。常差车辆,系郑家口车头代雇,车价出自八乡。咸丰十一年办团以后,停止差徭,改于买卖车辆提费,以补八乡之不逮。现拟仍复旧章,减去五成派办云云

18. 署易州广昌县杨承杰禀

县处山陬,无差务,无差车,无置备车户。

19. 多伦厅理事同知觉罗穆特布禀

厅属无应征丁粮,亦无差徭,其解送委员、人犯及署内用车,均系发价自雇,向不累民云云。

20. 署广平府知府长启禀

所属永年、滏周、肥乡、鸡泽、广平、邯郸、成安、

威县、清河、磁州十州县

永年县班车十五辆,系道光元、二年○○○钦差大臣核定禀咨立案,今拟裁减二辆。磁州班车二十辆,不分衿民,按地匀摊,今拟裁减四辆。邯郸县班车十辆,六日一轮。从前尚不止此数。今拟裁减二辆。滏周、肥乡、成安、威县、清河五县无班车、无包差,应需车辆,或自行发价,或随时派办,并无定额,亦无浮派。鸡泽、广平二县,均系包差,无班车名目。

21. 保定府州知府恩福禀

所属清苑、安肃、定兴、满城、望都、

新城、雄县、高阳、安州、蠡县、唐县、完县、博野、

容城、束鹿、祁州十六州县

清苑、安肃、定兴、满城、望都、新城、雄县、高阳八县,皆有班车,其馀八属,均无其名。清苑班车八辆,官自备用,与民无涉。安肃十二辆,五辆折价,七辆应差。定兴有四辆零之虚名,岁入包价

八百十五千。雄县官备五辆,供省委、火牌两差,其馀递犯饷鞘,皆出于民,月约五十辆上下。高阳八辆,不敷用。满城十二辆,民间包价,另有官备十辆,连供应兵差。以上六县均难裁减。望都岁派一千六百八辆,钱粮每两完京钱四千二百文。差繁缺苦,请免更议。新城官备七辆,又月派里下九十辆,今拟减为八十辆。安州无车差。蠡县包差,岁需赔垫,因连兵差在内。唐县月用七辆上下。完县月需九辆上下。博野(日)〔月〕需车一辆有奇。容城岁派大车二十辆。束鹿、祁州各月需十四五辆。祁州半出里下,半出车行,自唐以下,皆杂差派诸里下者,均请仍旧云云。

另禀三条:一曰节用,不准滥付车辆,并将某差用几辆、折价若干,悬牌署门。又令总路之涿州、正定、清苑按十日折报核对云云。一曰均差,文武生员,实在官阶及六品以上职衔者,仍照旧章办理,七、八品以下职衔监生功牌,及捐衔圣公府执事官等,无论〇〇〇大差、兵差、杂差,与民户一体办差。近畿屯旗,亦应一体办差云云。一曰移减,有优缺可减之差,即移补疲区减差之用,挹彼注兹,权救其急云云。

22. 河间府肃宁县知县陈诰禀

无班车,无包差。遇有委员、饷鞘、囚犯应需车辆,按阖邑二百四十馀村庄均匀轮派。每年多则百馀辆,少则五六十辆,应请仍旧云云。

23. 天津府知府李文敏禀
所属天津、静海、青县、沧州、南皮、盐山、庆云七属

所属俱无班车及包差名目。每年应用委员、饷鞘、囚犯车辆,

天津、盐山、庆云不借民力。青县、沧州由官自雇。惟静海、南皮系派民间,车无定额,每年约派百馀辆,钱亦未能划一。现拟静海每年定以百辆,南皮八十辆,每辆连守候回空定以京钱四千。请示云云。

人名索引

一、本索引收入《李兴锐日记》正文中出现的人名。姓名作为主条目,字号、官职等其他称谓括注于姓名之后。无法确考姓名者,一般以本日记首次出现之称谓为主条目。

二、其他称谓如字号、官职等,列为附条目,如:

> 豹岑　见倪文蔚　　字号例

> 北洋傅相　见李鸿章　　官职例

三、为节省篇幅,括注中之称谓与主条目称谓首字相同者,不列为附条目。如:

> 曹耀湘(曹敬初、敬初):1871.7.13……　　"曹敬初"因与"曹耀湘"首字相同,检索"曹"字时皆可查到,故不另列附条目

> 敬初　见曹耀湘　　"敬初"与"曹耀湘"首字不同,列为附条目,以供仅出现"敬初"时检索

四、多人合称,不可考者直接作为主条目,可考者作为附条目参见各自之姓名主条目。如:

> 马、陈、李三统将:1886.2.4,2.11

> 荫亭父子　见魏承樾、魏纶先

五、称谓所对应的阿拉伯数字,为公元纪年之年、月、日。年份加粗,仅在首次出现时标注,后为月、日,各年之间用分号隔开。

六、本索引之各条目均按音序排列。

七、由于资料和个人学识所限,本索引疏误之处在所难免,诚望读者不吝指正。

A

敖云乔（云乔）：**1870**.9.2，10.1，10.19，10.20，10.22，10.23，10.30，
　　10.31，11.4

B

白定燮（白鼎臣）：**1870**.12.30；**1871**.6.4

白桓（白建候）：**1870**.7.23

柏楼：**1871**.8.31

柏禄：**1871**.5.25

宝镠：**1870**.7.28

宝鋆（宝佩蘅）：**1870**.7.25

葆初　　见张守元

豹岑　　见倪文蔚

北洋傅相　　见李鸿章

毕大琛（毕纯斋、毕醇斋、醇斋）：**1870**.6.13，6.16，6.20，6.22，6.28，
　　6.30，7.6，7.9，7.10，7.17，7.18，7.28，7.29；**1871**.7.13

碧泉　　见关碧泉

彬园　　见王彬园

伯岑、伯存　　见唐焕章

卜义内（卜）：**1885**.12.26，12.27；**1886**.1.3，3.16，4.8，12.28

C

蔡桂湄（蔡崇光）：**1871**.4.25，5.1

蔡生：**1872**.1.17

蔡希邠(蔡仲岐、蔡、仲岐):**1885**.11.29,12.1,12.14,12.19,12.20,
　12.21,12.22,12.30;**1886**.1.27,2.27,2.28,3.1,3.5-3.7,3.11,
　3.12

蔡县令:**1871**.8.20

蔡益卿:**1886**.10.18

蔡镇:**1874**.3.29

曹光洛(曹安洲):**1871**.2.9

曹耀湘(曹敬初、敬初):**1871**.7.13,12.6;**1872**.4.6

漕帅　见恩锡

长启(长子明):**1870**.2.10,3.11,3.19,5.4,10.15

朝栋:**1871**.1.27

朝杰　见吴家榜

陈、薛、黎、陈:**1870**.10.15

陈崇砥(陈绎萱):**1870**.2.12,3.7,3.25

陈二府、倪大令:**1870**.11.6

陈光禄:**1870**.7.14

陈国瑞(陈镇):**1870**.9.15

陈翰芬(陈少泉):**1870**.8.7

陈鹤云:**1870**.9.28,10.7

陈鸿翊:**1870**.7.25

陈虎臣:**1872**.3.4

陈济清(陈云卿、陈镇军):**1870**. 8.15,8.19,9.14,9.16

陈简卿:**1886**.3.24

陈兰彬(陈荔秋、陈、荔秋、荔):**1870**.2.1,2.5,2.12,2.13,2.15,2.
　28,3.17,3.19,3.25,3.27,3.29,4.3,4.4,4.9,4.14,5.5,5.24,5.

25,6.1,6.25,6.29,7.15,7.19,7.25,8.1,8.3-8.9,8.13,8.17,8.
18,8.21-8.24,8.26,8.29,8.30,9.3,9.5-9.8,9.10,9.11,9.14,
9.25,9.30,10.1,10.15,12.27-12.30；**1871**.1.1,1.4,1.5,1.7,1.
8,1.13,1.16,1.19,1.20,1.22,2.7,3.1,4.21,4.30,5.21,5.23,8.
28,8.29,12.24-12.26；**1872**.6.8,6.13,6.16,6.19,7.19-8.3,8.
8,8.11；**1886**.5.19,5.21,5.22,5.24-5.28

陈鼐(陈作梅、作梅)：**1870**.2.4,3.20,5.26,5.27,6.3,7.14,8.27,9.
1,9.21,10.5,10.9,10.10；**1871**.1.19,2.22；**1872**.12.29

陈钦(陈子敬)：**1870**.8.12,8.15,9.4,9.12

陈蓉斋：**1870**.9.5,12.6

陈石逸：**1870**.3.23

陈式金(陈大令)：**1872**.12.18

陈委员：**1872**.10.7

陈渭滨：**1873**.1.4

陈小骊(小骊)：**1870**.8.23,9.4,9.11,9.15

陈小帆(陈小蕃)：**1870**.6.1,8.6,8.17,8.21,8.22,8.24,8.26,8.29,
9.22

陈星轩(星轩)：**1871**.4.8,6.7；**1872**.1.31

成楚材：**1871**.9.9

成林(成竹坪)：**1870**.8.24

成天麒(成游戎)：**1871**.9.4

程桓生(程尚斋、尚斋)：**1871**.1.2,1.10,3.10,4.21；**1872**.3.1,3.4；
1872.2.26

程敬之(敬之)：**1871**.1.3；**1874**.3.20,3.21,4.5,4.6

程镜宇：**1870**.12.8

程松韵：**1886**.6.26

崇厚(崇地山、崇宫保、地山)：**1870**. 3.2,8.4,8.7,8.21,9.15

莼斋　见黎庶昌

醇斋　见毕大琛

慈安太后：**1870**.8.8

次苏先生　见许如骏

崔应雄：**1870**.9.7

翠兰(翠)：**1870**.10.31,11.4

存葆(存秀岩)：**1871**.8.11

存之　见方宗诚

D

大廷　见吴大廷

丹臣、丹　见何丹臣

德林达：**1886**.1.3

德织造：**1871**.11.12

邓、黎、邓：**1871**.1.26

邓承修(邓鸿胪、邓星使、邓铁香、邓铁翁、邓公、邓、铁香、铁翁、星使)：**1885**.11.23,11.27,11.29,11.30,12.8,12.9,12.11−12.14,12.16,12.18,12.20,12.22,12.24,12.26,12.27,12.29；**1886**. 1. 4−1.7,1.12,1.31,2.1,2.4−2.7,2.18−2.23,2.28,3.1,3.4,3.6,3. 15,3.17,4.28,5.9,5.13,5.18−5.20,5.28,6.30,11.21,11.22；**1887**. 3.29,4.21

邓翰臣(邓清圻)：**1886**.11.20

邓良甫：**1870**.3.20,4.5,5.13,5.21,11.26,11.27

邓文甫：**1870**.8.29

狄塞尔（狄使、狄）：**1886**.1.3,2.18,2.22,4.8,12.28；**1887**.1.3

笛仙　见彭笛仙

地山　见崇厚

丁日昌（丁雨生、丁雨帅、雨帅、丁中丞、丁、中丞）：**1870**.8.13,8.21,
　　8.22,8.24,8.26,8.30,9.6,9.7,9.11,9.13,9.14,9.25-9.27；
　　1871.1.2,1.12-1.14,4.24

丁士彬：**1870**.9.4

丁寿昌（丁乐山、乐山）：**1870**.2.1,5.16,6.9,8.21,8.27,9.4,9.14,
　　10.15,10.16,10.20

丁竺云：**1870**.7.17

丁子俊：**1887**.6.23

董风高：**1870**.11.29

董梧轩：**1871**.8.3,10.28

窦盛春：**1870**.10.2

杜培庵：**1887**.6.22,6.23

端甫　见高端甫

段逢生：**1870**.6.20

E

恩锡（恩竹樵、恩抚台、漕帅）：**1872**.8.23；**1874**.3.21,3.25,3.27,3.
　　29,4.6

恩云峰：**1870**.2.2,4.10,5.11,5.13,5.23,5.26,5.27,5.30,6.3,6.7,6.
　　9,8.7,8.19,8.25,9.17,9.28,10.5-10.7,10.10,10.15；**1871**.
　　3.24

儿妇易氏：**1872**.8.29

F

范君：**1886**.11.14

方濬颐(方子贞、方子箴、子箴)：**1870**.12.10；**1871**.7.21，8.16；**1874**. 3.20-22

方宗诚(方存之、存之)：**1870**.5.26，5.27，6.3，9.6-9.8，9.12，9.27， 10.1，11.25

费学曾(费幼亭)：**1870**.10.6；**1871**.2.22

冯吉云(吉云)：**1872**.3.5，6.26，9.16，11.25；**1886**.6.18

冯峻光(冯竹儒、冯竹如、竹儒、竹如、冯)：**1871**.2.3，4.30，5.21，8. 27，8.28，12.24，12.25；**1872**.3.11，3.20，6.19，6.26，7.19，8.8，8. 24；**1874**.3.18

冯誉骥(冯少詹)：**1872**.1.5

冯占魁：**1870**.10.31

冯作槐(冯树堂)：**1871**.5.21

佛生、佛　见李佛生

辅卿　见袁辅卿

傅孟樵：**1870**.9.4，9.22

富诚(傅丽生)：**1870**.12.14；**1871**.2.4，2.6，2.26

富静轩：**1871**.11.3

富升(富桂卿、富都统)：**1872**.1.8，2.9，2.17，2.24，10.26，11.9；**1874**. 3.18

G

甘雨亭：**1872**.11.16

高、许两委员　见高海风、许导江

高端甫（端甫）：**1870**.8.14,9.2,10.1,10.19,10.20,10.23,10.31,11.4

高发祥：**1874**.3.20

高海风（高琴舫、高训导）：**1870**.2.20,2.22,2.24,2.28,3.5,3.16,3. 19,3.26,4.4

高聚卿（聚卿）：**1870**.5.25,10.15,11.30,12.1,12.7,12.8,12.10,12. 22,12.24,12.25,12.28；**1871**.1.29,1.30,1.31

戈公使：**1886**.3.10

龚定沄（龚熙亭）：**1871**.3.21

龚寿康：**1871**.4.28

龚湘浦：**1870**.7.18,7.19,9.3

龚之格（龚干卿）：**1874**.4.2

龚子颐（子颐）：**1871**.3.7,3.8

孤澡：**1885**.12.10

顾济（顾竹椒）：**1871**.3.25,3.28,3.29

顾七芗：**1886**.2.3

顾维新（顾又亭）：**1870**.6.23

关碧泉（关、碧泉）：**1885**.11.21,12.1,12.5,12.7,12.8,12.13,12.27； **1886**.1.3,1.10,1.14,3.7

管襄芬：**1870**.6.14

光陞　见刘光陞

桂嵩庆（桂香亭、桂芗亭、桂）：**1871**.2.5,3.8,3.16-3.18,3.20,4.2,

4.5,4.16,4.27,12.5;**1872**.11.16

桂迓衡(桂刺史):**1871**.9.4

桂中行(桂履贞):**1871**.4.5

郭拐:**1870**.8.28

郭国屏(郭意防):**1870**.12.8,12.10;**1872**.2.19

郭庆云:**1870**.3.18

郭子美:**1870**.10.16

国葆　　见曾国葆

国藩　　见曾国藩

国华　　见曾国华

国潢　　见曾国潢

国荃　　见曾国荃

H

哈巴安:**1885**.11.29,12.22,12.31

海春(海翻译、海):**1886**.2.18,2.22,4.8

韩晋昌:**1871**.8.26

翰泉　　见张翰泉

合肥　　见李鸿章

何丹臣(丹臣、丹):**1871**:1.30,1.31,2.2,2.4,2.11,2.15,2.16,2.18,
　　2.26,3.4,3.5

何家聪(何秩九):**1871**.3.25

何璟(何小宋、何筱宋、何中丞、何制军、何制台、何制府、制府、
　　何):**1872**. 1.24,3.13,4.16,4.17,4.20,5.4, 6.3,6.11,6.20,8.
　　23,9.8,9.30,10.18,10.22;**1874**.3.21,4.6;**1886**.5.18

何镜海:**1871**.9.9,9.14

何郎中:**1887**.4.21

何莲舫:**1871**.10.5

何慎修(何子永):**1871**.5.12,8.22

何慎斋:**1870**.10.25,10.31

何杕(何廉访):**1870**.12.9

何子愚:**1870**.7.20

和甫观察:**1870**.11.25

贺宏勋(贺云舲、贺云林、云舲、云林、贺):**1870**.6.13,6.15,6.16,6.
20,6.23,6.24,6.26-6.28,6.30,7.1,7.3-7.7,7.9,7.10,7.14,7.
18,7.23,7.26,7.28-7.30,9.24,10.7,10.14,11.27,11.30,12.3,
12.4,12.11,12.13,12.21,12.22,12.24;**1871**.2.17,3.1

贺麓樵(麓樵、麓叟):**1870**.10.15,11.30,12.13,12.19,12.21,
12.24-12.26

贺廷銮(贺仪仲):**1870**.12.25

赫德:**1870**.8.10

赫政:**1885**.11.29,12.22,12.31;**1886**.1.30,2.23,11.10,11.17

恒云舫:**1870**.9.22,10.25

横云:**1872**.11.28

洪德发(洪峻亭):**1870**.8.19

洪汝奎(洪琴西):**1871**.4.5,4.12,9.16,12.3

侯、侯相　见曾国藩

侯鸿山:**1885**.12.11;**1886**.2.24

侯勉忠:**1886**.5.28

胡厚斋:**1870**.6.30

胡瑞若:**1871**.3.6

胡绅:**1870**.9.11

胡文清:**1870**.2.23

胡竹泉:**1870**.3.26

护院　　见李秉衡

花彪(花都司):**1871**.5.7

皇太后:**1870**.6.28

黄宝田:**1885**.12.11

黄承盛:**1886**.2.27

黄方卿:**1872**.7.19

黄杰轩:**1870**.8.22

黄军门:**1872**.1.24

黄彭庚:**1871**.4.29

黄启愚(黄叟、黄晴轩):**1870**.2.3,6.6;**1873**.1.4

黄少春(黄芍岩):**1870**.7.15,7.16,7.18

黄守忠(黄游击):**1886**.4.1

黄太夫人:**1871**.1.2

黄锡彤(黄晓岱):**1870**. 7.18,7.19,9.3

黄翼升(黄昌岐):**1870**. 3.18,3.20,3.30,12.4,12.10,12.29;**1871**.1.11;**1872**.2.9,2.14

黄倬(黄恕皆):**1870**.6.22,7.16

黄子寿:**1870**.7.6,7.17

黄自元(黄槿腴):**1870**.6.25,7.6,7.17,9.3

霍生　　见王霍生

J

蒋震吾:**1870**.6.5

蒋宗汉(蒋统领):**1886**.1.27

劼刚、劼世子　见曾纪泽

劼刚兄弟　见曾纪泽、曾纪鸿

金夫澜(金露清):**1870**.12.9

金国琛(金逸亭):**1871**.2.9

金楷理:**1872**.7.19

金逸亭:**1871**.7.4

撂笏　见张廷昭

敬初　见曹耀湘

敬甫　见谭继洵

敬之　见程敬之

静斋　见张静斋

聚卿　见高聚卿

爵堂　见王之春

爵相　见曾国藩、李鸿章

浚儿:**1871**. 2.17,3.15,6.13

K

柯受丹:**1871**.1.10

蒯鹤林(蒯子范):**1871**.4.5,4.9

蒯虎臣:**1872**.3.15

奎　见玉奎

魁将军:**1871**.4.9

L

2.13,2.18-2.23,2.25,2.27,3.15,3.16,3.30,4.15,6.18,6.19

李常华(李叔晏):**1872**.1.8

李朝斌(李质堂、李郅堂、李军门、李、质):**1871**.5.4,5.10,5.11,5.
12,5.14,8.21,8.22,11.3,11.6,11.10,11.12,11.16,11.24;
1872.2.17,3.22

李德溥(李湘浦):**1874**.3.30

李凤章(稚荃):**1870**.11.25

李佛生(佛生、佛):**1870**.5.8,9.30,10.16,10.17,11.8,11.12

李光莹(李伯初):**1870**.6.28

李瀚章(李筱荃、小荃):**1870**.11.25;**1871**.6.19

李鹤章(李季荃):**1870**.11.25;**1871**.1.6

李鸿裔(李眉生、李廉访):**1870**.12.9;**1871**.6.19,6.20,8.22,8.23,
11.12;**1872**.4.4

李鸿藻(李兰生、兰生):**1870**.7.25;**1872**.3.16

李鸿章(李少荃、李中堂、李揆帅、李爵相、李相、少荃伯相、北洋傅
相、天津傅相、合肥、爵相):**1870**.8.11,8.30,9.8,9.11,9.13,9.
14,9.20,9.21,9.22,9.29,9.30,10.1,10.16,10.1710.26,11.25,
11.30;**1871**.2.10,2.22,3.17,3.20,6.8;**1872**.3.13,8.23,12.20,
12.27,12.29;**1873**.1.2,1.3,1.8;**1885**.12.8;**1886**.2.23,2.27,2.
28,3.5,3.12,3.18,6.14,6.15;**1887**.7.15

李吉言:**1870**.7.25

李荆川(李湘浦):**1886**.11.11-11.14

李静山:**1872**.12.30

李镜仙(李镜轩):**1870**.6.30,7.27

李懋功(李小筠):**1870**.12.5;**1871**.8.11

李铭皖(李徽生、李微生):**1871**. 5.13,11.9

李念诒(李君梅):**1871**.11.9

李丕智(李令):**1870**.5.21

李起祥(李铨伍):**1886**.4.5

李榕(李申夫):**1870**.7.6

李世德(李鉴吾):**1870**.6.28

李受彤(李州牧、李牧、李燕伯):**1886**.11.21,11.26,12.22

李叔端:**1887**.6.20

李叔芸:**1885**.12.22;**1886**. 2.3,2.24,5.28;**1887**.6.17

李树萱(李牧):**1874**. 3.21,3.29

李遂(李宫山):**1886**.11.18;**1887**.6.23

李太夫人:**1870**.11.25

李廷箫(李小轩):**1870**.6.27,7.1,7.22

李文田(李若农):**1870**.6.19,6.29,7.11

李问渠:**1870**.5.19,5.23,5.24,5.26,5.27,6.8,6.9,10.6,10.10

李新燕(李质庭):**1871**.5.10

李应章(李分统、文斋):**1886**.3.13

李有恒(李雨亭):**1871**.6.30,7.3;**1874**.3.18

李占魁:**1870**.2.24,2.26

李昭庆(幼荃):**1870**.11.25

李直夫(直夫):**1870**.12.8;**1871**:1.6

李仲宣:**1870**.9.22

李竹吾(竹吾):**1871**.6.30;**1872**. 1.30,11.27

李竹崖:**1871**.1.20

荔、荔秋　见陈兰彬

栗诚　见曾纪鸿

莲甫、廉甫　见萧世本

联卓斋:**1870**.2.2,5.21,9.28

梁鼎勋(梁都司):**1886**.11.17

廖枢仙、廖枢先(廖、枢仙、枢先):**1885**.11.21,12.1,12.5,12.7,12.
　　13,12.27;**1886**. 2.1,2.5,2.6,2.23,11.24,11.26,11.27;**1887**.
　　6.17

廖献廷(廖锦春):**1871**.3.29;**1872**.11.16

林达泉(林海岩):**1871**.5.26

林文升:**1870**.7.24

林月槎:**1870**.8.29,10.21

刘德仪(刘县丞):**1874**. 3.19,4.1,4.6

刘枫林(刘训导):**1870**.2.20,2.22,3.13,3.16,4.13

刘光陛(光陛):**1870**.2.26,2.27,3.6,3.8

刘翰清(刘开生):**1871**.11.5

刘吉六:**1886**.5.10,5.28

刘杰(刘令、刘大令):**1870**. 8.15,8.22

刘景林:**1873**.1.8

刘铭传(刘军门):**1870**.8.19

刘启发(刘佩香):**1871**.3.1,4.10;**1872**.3.4,4.3,9.4,9.6,10.18,10.
　　25,11.25;**1874**.3.22

刘瑞芬(刘观察):**1871**.3.29

刘晟:**1871**.4.2

刘盛休(刘子征):**1870**.8.17,8.20

刘盛藻(刘子务):**1870**.8.16,8.17

刘树堂(刘观察)：**1870**.6.7

刘通判：**1870**.9.3

刘锡鸿(刘云生)：**1870**.7.20，7.21，8.4，8.6，8.15，8.18，9.4，9.6，9.7

刘仙屏：**1870**.7.21

刘咸(刘寿亭、刘受亭、刘道台、受亭)：**1871**.7.28，8.10，8.11，10.12；
　　1872.12.4；**1874**.3.20，3.21，3.29，4.5，4.6

刘筱崧：**1870**.7.23

刘彦山(刘彦三)：**1870**.8.19，8.21，8.26，9.4，9.23，9.25

刘毅斋：**1870**.3.20，8.9，8.22；**1871**.4.24，11.30，12.6，12.16；**1872**.
　　11.27

刘荫堂：**1870**.9.16

刘永福：**1885**.12.9

刘玉龙(刘禹门)：**1871**.4.7，7.19

刘韫斋(刘韫师)：**1870**.6.30，7.3

刘芝田：**1872**.6.18；**1874**.3.18

刘佐禹(刘治卿)：**1870**.12.17；**1872**.11.16

六叔：**1886**.6.27

卢定勋(卢午峰、卢方伯)：**1870**.3.2，8.18，9.16，12.10

陆锦堂：**1870**.10.31

鹭卿：**1870**.9.24

麓樵、麓叟　　见贺麓樵

吕文翰：**1870**.3.18

纶阶　　见王纶阶

罗淑亚：**1870**.8.5

罗恬波(恬波)：**1870**.7.15，7.23，7.26，7.28-7.30

罗译墀（罗丹序）：**1871**.2.14

罗正谊（罗宇弥）：**1885**.12.13,12.14

罗仲和：**1886**.5.10,5.28

罗仲云：**1870**.8.28

马、陈、李三统将：**1886**.2.4,2.11

M

马复贲：**1886**.5.28

马格里：**1872**.3.4

马隆本：**1886**.6.4

马松圃（马守）：**1870**.2.4,8.21,8.22,8.29,10.18,10.20,10.24

马铁岩：**1886**.2.24

马文梦：**1870**.7.23

马新贻（马谷山、马制军）：**1870**.8.30；**1871**.1.2,1.3,4.12,4.14

马学孟：**1870**.2.16

马仲平（马统领）：**1885**.12.29；**1886**. 3.18,4.4

毛、丁二公　　见毛昶熙、丁日昌

毛昶熙（毛旭初、毛大司空、毛尚书、毛）：**1870**. 8.4,8.12,8.22,8.
　　24,8.26,8.30,9.7,9.11,9.13

毛钖九：**1870**.4.5

茂亭　　见滕嗣林

梅启照（梅小岩）：**1871**.4.19,4.29,12.2；**1872**.1.5,2.5,10.19,10.26

密妥士：**1870**.10.26

敏斋：**1871**.5.11

莫善征（善征、善）：**1870**.3.7,5.27,6.29,12.13,12.19,12.22；**1871**.

1.2,1.5,1.13,1.19,1.20,1.28,2.4,2.11,2.13,2.15,2.26,2.28,

3.5,3.15,3.22,4.3,4.4,4.14,4.16,6.20,7.6,7.17,9.14;**1872**.

1.8,1.15,2.1,2.19,10.18,10.25,11.4,11.30;**1885**.12.30;**1886**.

1.31,6.6,6.26

莫绳孙(莫仲武、仲武):**1870**.12.5,12.6;**1871**.3.1

莫友芝(莫子偲、子偲):**1871**. 1.25,2.16,2.26,6.17,7.7,11.28,

12.17

穆将军:**1872**.2.9,2.24,9.30

穆瑞亭:**1872**.4.10

N

倪镜帆(倪人涵):**1871**.3.15

倪思(倪):**1885**.12.26,12.27;**1886**. 1.3,4.8

倪文蔚(豹岑):**1886**.8.29

O

欧阳道庄(欧阳康山、敬庵):**1886**.5.15

欧阳利见(欧阳健飞、欧阳建飞、欧阳镇台、欧阳健辉、健辉):**1870**.

11.29;**1871**. 7.26,7.28,8.10,8.11,10.11,10.12,10.28,10.29;

1872. 2.13,2.15,2.16,12.5,12.4,12.8;**1874**. 3.25,3.26,4.6

欧阳小岑:**1871**.3.27 ;**1872**.1.11

欧阳宗佶(欧阳佶人):**1870**.7.18,7.20

P

潘彬如:**1871**.1.31

潘汉卿：**1886**.5.13

潘继畲（潘观察、曾玮）：**1871**.11.12

潘梁柱：**1871**.9.6

潘慎甫：**1886**.2.11

潘叙园：**1872**.6.27

庞际云（庞省三、省三）：**1870**.12.10；**1874**.3.19，3.21，3.29，4.12

裴荫森（裴观察）：**1870**.9.22

佩香　见刘启发

彭楚汉（彭纪南）：**1870**.2.1

彭笛仙（笛仙）：**1870**.4.5；**1871**.1.31，2.1，2.2

彭姜（彭小渠）：**1870**.6.22

彭年：**1870**.7.6

彭氏：**1870**.11.25

彭铁仙：**1886**.2.24

彭玉麟（彭雪琴、彭宫保、彭）：**1885**.12.1，12.2；**1886**.6.22

皮宗瀚（皮小舲）：**1870**.6.19，6.28，7.18

蒲润生（润生）：**1871**.4.8，6.13

浦理燮（浦使、浦）：**1886**.1.3，1.27，2.13，4.8

Q

七弟：**1871**.4.6；**1872**.1.22

七弟妇陈氏：**1872**.1.21

七妹：**1870**.12.13

耆松轩：**1870**.11.6

杞山　凡萧韶

钱伯敏(钱令):**1870**.2.10,5.4

钱鼎铭(钱调甫、钱苕甫、钱观察、钱公、调甫、调翁):**1870**.2.11-2.
　　13,2.16,2.28,3.8,3.13,3.15,4.3,4.4,5.3,5.18,5.19,5.20,5.
　　22,5.24,6.14,6.17,7.3,8.15,8.19,9.1,9.16,10.5,10.6,10.9

钱廉访:**1870**.8.18

钱庆培(钱同甫、钱令):**1870**.2.10,3.12,3.19

钱应溥(钱子密):**1870**.12.30;**1871**.6.8

乔日章:**1870**.3.19,4.6,4.13

秦、周两人:**1874**.3.29

晴岚　见王昆崖

秋浦:**1874**.3.19

R

髯相:**1870**.9.21

任成林:**1872**.6.3

容闳(容莼甫):**1871**. 1.5,1.7,5.22

容斋:**1870**.9.30

润生　见蒲润生

S

三外祖:**1870**.12.13

三侄昌湛:**1871**.3.14

善征、善　见莫善征

尚斋　见程桓生

少荃伯相　见李鸿章

少岩　见王少岩

少仲　见勒方锜

邵鄂秋：**1871**.7.13

邵友濂（邵小村）：**1885**.12.15，12.30

绍荣：**1886**.5.13

沈秉成（沈仲甫、沈仲复）：**1872**.1.8，6.29；**1874**.3.18

沈桂芬（沈经笙）：**1870**.7.25

沈瀛（沈竹斋、竹斋）：**1870**.10.6；**1871**.5.23

沈源深（沈叔眉）：**1870**.7.23

师克勤（师）：**1885**.12.26，12.27；**1886**.1.2，1.3，1.6

十弟：**1871**.4.6

石楷（石东山）：**1870**.12.14；**1871**.3.8，3.28，4.2，12.22，12.27

石汀：**1886**.6.6

史济源（史光谱）：**1870**.2.1

史念祖（史绳之）：**1870**.5.17，9.6，9.7，9.11－9.13，9.15，9.22，10.2，
　　10.9

史贤立：**1870**.7.15，7.24，7.28，10.20

史贤希（贤希）：**1871**.7.10，8.19

史悠元（史冠千）：**1870**.7.10，7.14，7.17，7.20，7.21

首棠　见熊首棠

寿静山：**1871**.11.12

寿人　见王凤翔

受亭　见刘咸

书亭　见谢书亭

叔、季弟：**1871**.3.10

叔鸿　见徐树钧

叔晏：**1872**.1.8

枢仙、枢先　见廖枢仙

舒德卿：**1886**.6.10-6.13

澍侄：**1870**.12.19

顺玉：**1870**.10.31

松秀峰：**1870**.4.5

宋书印：**1870**.4.19

苏漕台：**1872**.1.24

苏元春（苏提台、苏熙翁、苏子熙、子熙、苏）：**1885**.11.25,11.27,11.
29,12.4,12.5,12.10,12.17,12.19,12.20,12.22,12.23,12.30；
1886.2.4,2.5,2.7,2.24,2.25,3.14,3.15,4.3,4.22,6.19,11.24

孙海岑：**1871**.9.1

孙建业：**1870**.4.6,4.12

孙士达（孙少堂）：**1871**.3.30

孙衣言（孙勤西）：**1871**.1.4

孙云（孙汉章）：**1871**.8.11

T

太后：**1870**.7.7

谭鸿声（谭游击）：**1871**.4.28

谭继洵（谭敬甫、谭、敬甫）：**1870**.6.13,6.28,6.30,7.1,7.3,7.5,7.9,
7.12,7.14,7.18,7.23,7.25,7.26,7.28,7.29,7.30,9.3,10.15；
1871.5.21

谭遵高：**1870**.5.8,5.9

汤小秋:**1871**.6.20

唐光昱(唐子垣、唐):**1870**.12.9;**1871**.3.16-3.18,4.2,4.14,4.16-4.19,4.29

唐焕章(唐伯岑、伯岑、唐伯存、伯存):**1870**.2.3,2.5,2.12,2.13,2.15,3.15,5.5,5.23,5.24,5.26,6.6,8.14,8.21,8.22,8.29,8.31,9.2,9.9,9.16,10.1,10.16,11.12,11.27,11.30,12.7-12.9,12.21,12.22,12.28;**1871**.1.2,1.19,1.23,1.29-2.1,2.6,2.16,2.18,2.26,4.1,4.2,4.5,6.17,12.6,12.25,12.26

唐镜沅(唐芷庵):**1886**.2.27,3.5

唐兰生:**1872**.3.15

唐子恒:**1871**.3.11

唐子明:**1872**.8.31

陶立忠(陶荩臣):**1871**.7.19

滕嗣林(滕茂亭、茂亭):**1871**.5.26,5.27

天津傅相　见李鸿章

田名魁:**1871**.5.7

田万江:**1870**.4.18,4.19

田在田(田军门):**1871**.3.30,4.7

恬波　见罗恬波

调甫、调翁　见钱鼎铭

铁香、铁翁　见邓承修

桐云　见吴大廷

涂觉纲(涂星畬):**1870**.6.22,7.11,7.18

涂运鸿:**1874**.3.30

涂宗瀛(涂朗轩、朗轩):**1871**.5.20,5.21,8.22,**1872**.9.4,9.7

W

王令:**1870**.3.11,4.4,4.5

王纶阶(纶阶):**1870**.2.3,2.5,2.12,2.13,2.15,2.28,3.7,3.13,4.2,
5.5,5.24,6.6,9.29,11.4,11.6,11.8;**1871**.3.24;**1872**.12.19,12.
20,12.27,12.31;**1873**.1.2,1.4,1.8

王霖(王委员):**1870**.8.19

王佩玮(王璧人、王璧臣):**1870**.11.6,11.8

王瑞臣:**1871**.2.8,5.21

王瑞征(王芝浦):**1870**.10.7,10.14,12.30

王少岩(少岩、王少言):**1870**.7.21,9.2,12.14;**1871**.1.7,2.9,3.8,
3.30,4.2,4.12,7.12,12.6

王氏:**1870**.11.25

王崧:**1886**.5.13

王廷桂(王廷贵):**1871**.4.7;**1872**.6.3

王霞轩:**1870**.12.25;**1871**.9.9,9.14

王先谦(王逸吾):**1870**.9.3

王晓莲:**1871**.3.20;**1872**.10.25,10.26

王叶亭(叶亭、王协定、王协亭、协亭):**1870**.7.23,9.17,9.18,9.24,
10.15,11.28,12.1,12.3,12.4,12.7,12.8,12.10;**1871**.1.6,1.
23,1.26,2.8

王医:**1872**.9.8

王雨轩:**1871**.9.7;**1872**.3.5,11.25

王之春(王爵堂、王、爵堂):**1885**.11.27,11.30,12.4,12.5,12.10,
12.12-12.14,12.16,12.17,12.20,12.22,12.29;**1886**.1.1,1.5,
2.4-2.7,2.11,2.13,2.18-2.25,2.27,3.1,3.4-3.6,3.8-3.11,3,
14,3.15,3.22,3.23,4.8,5.9,5.10,5.13,5.17,5.18,5.21,5.23,

5.27,6.19,6.30,11.21,11.24,11.30,12.28;**1887**. 3.29,6.17

王治罩(王子舅):**1870**.12.31;**1871**.1.20,2.4,2.6,2.12,9.2;**1872**.
　　1.12,2.18

王宗干(王慕柳):**1874**.3.20,4.5

危德连(危帅臣、危大令):**1886**. 11.17,11.18

威妥码:**1870**.8.5

魏承樾(魏荫亭、魏荫廷、魏、荫亭、荫亭父子):**1870**.12.9,12.10;
　　1871.3.11,3.16-3.19,3.24,4.14,4.16,4.17,4.19,4.27,4.29

魏畡光(魏亦农):**1871**.5.9,5.13

魏纲(魏赓臣):**1870**.6.19,6.23,7.3,7.24

魏晦先(魏半农):**1871**.5.5,5.9,5.13

魏玠(魏南伯、魏):**1885**.11.26,11.27,12.30;**1886**.2.27

魏纶先(魏公子、魏温云、温云、荫亭父子):**1871**.2.14,3.16,3.17,
　　4.27

魏彦(魏盘仲):**1871**.5.4

魏召亭:**1871**.3.24,3.28

温云　　见魏纶先

文漕台:**1872**.12.13

文上贵:**1885**.11.22

文守备:**1871**.9.4

问渠　　见李问渠

吴朝农(吴云麓):**1871**.5.9

吴朝彦(吴良甫、吴令):**1870**.2.16,4.9

吴大廷(吴桐云、吴彤云):**1870**. 8.10,8.19,8.23,9.7,9.8;**1871**.3.
　　12,4.30,5.20,5.21;**1872**. 6.19,7.19,8.8

吴家榜(吴朝杰、吴潮杰、吴)：**1871**.4.16,4.27－4.29,7.20,10.28,
　　11.16;**1872**.2.15,2.16,3.20,10.13,11.28

吴阆音：**1872**.11.16

吴南屏：**1872**.6.27

吴平格：**1886**.6.14,6.15

吴汝纶(吴挚甫、挚甫、挚)：**1870**.2.4,5.25,6.6,8.1－8.9,8.12,8.
　　13,8.17,8.17,8.18,8.21－8.24,8.26,8.29,8.30,9.2,9.5－9.8,
　　9.14,9.21,9.25－9.27,9.30,10.15－10.17,10.23,10.24,11.8,
　　11.12,11.27,11.30,12.6

吴毅卿：**1870**.10.7

吴竹虚：**1885**.12.22;**1886**.2.3,3.15;**1887**.6.17

吴子健：**1870**.8.4,8.6,8.15

吴子梅(吴紫湄、紫湄、子梅)：**1871**.8.3,10.20;**1874**.3.20,3.21,3.
　　27,3.29,3.30,4.1,4.3,4.4,4.6,4.7

武九能：**1870**.4.13

武兰珍：**1870**.8.26

武汝清(武卓堂)：**1870**.2.1

X

夏百初：**1870**.5.21

夏升：**1870**.7.9

夏伟生：**1886**.2.24

先大父　　见曾玉屏

贤希　　见史贤希

香帅、香涛　　见张之洞

香亭　见桂嵩庆

湘浦　见李荆川

湘乡公　见曾国藩

向君：**1886**.11.14

向子贞：**1886**.2.27

萧、陈：**1871**.4.7,4.10,4.11；**1872**.8.28,12.3

萧晋卿(萧敔庭)：**1870**.6.21

萧韶(萧杞翁、萧杞山、杞山)：**1886**.5.18,8.28；**1886**.5.25,5.27,5.28,10.18

萧世本(萧莲甫、萧廉甫、廉甫)：**1870**.5.13,5.25,6.6,8.2,8.10,8.22,8.23,8.27,9.9,10.16,10.19,10.23,10.31,11.4

小驷　见陈小驷

小翠：**1870**.10.31

小帆　见陈小帆

小金：**1870**.10.31

小荃　见李瀚章

小山、筱山　见赵小山

小云：**1870**.10.30,10.31

协亭　见王叶亭

谢书亭(书亭)：**1870**.12.1,12.3,12.10

谢维蔼(谢严白)：**1870**.9.3

谢膺祷：**1870**.7.25

谢煜(谢旭亭)：**1871**.3.3

解煜(解星垣)：**1870**.6.22

心荫　见黎宗曦

辛绣圃(辛绅):**1870.**9.13

莘印　见黎宗曦

星使　见邓承修

星轩　见陈星轩

省三　见庞际云

熊炳南(鉴堂):**1871.**5.4

熊定宇:**1874.**3.26

熊焕南(熊午亭):**1871.**4.2

熊庆澜(熊云臣):**1871.**4.3

熊首棠(熊、首棠):**1871.** 4.3,4.4

熊岳峰:**1871.**5.28,11.7;**1872.**2.16

熊中元:**1871.**4.28

徐炳文(徐颖夫):**1885.**11.21

徐季蘅:**1870.**12.21

徐君:**1871.**5.21

徐树钧(徐叔鸿):**1870.**6.21,7.10,7.28

徐恕曾(徐桂樵):**1870.**11.6

许宝书:**1874.**3.21

许步青:**1871.**6.17

许导江(许典史):**1870.**2.20,2.22,2.24,2.26,3.16,3.19 ,3.26,4.
　18,4.19

许凤仪:**1871.**4.22,4.24

许如骏(许次苏、次苏先生):**1870.**6.30,12.10

许星翼(许秋槎):**1870.** 6.30,7.2,7.4

许肇元:**1870.**7.11

许振祎(许仙屏):**1870**.6.14,6.22,6.25,6.27,6.30,7.11,7.16,7.
20,9.3

薛福成(薛叔耘、薛):**1870**. 10.15,12.6

寻鉴炜:**1870**.7.25

Y

阎栋梁:**1871**.4.28

彦三　见刘彦山

砚熙:**1870**.10.23

杨、桂两观察:**1871**.3.30

杨、彭、曾、鲍:**1870**.8.9

杨、彭:**1870**.8.19

杨步云:**1870**.2.19

杨鸿烈(杨豫庵):**1870**.12.5;**1872**.1.11

杨俊元(杨春农):**1870**.9.13

杨若锦(杨方山):**1871**.3.21

杨泗孙(杨滨石):**1871**.11.9

杨砚浦:**1870**.10.19

杨宜治(杨虞裳、杨、虞裳):**1885**.11.22,12.1,12.5,12.7,12.8,12.
13,12.27;**1886**. 1.3,2.1,2.5,2.23,2.24,4.28,5.23,5.28,8.29,
8.30,11.24,11.26,11.27;**1887**.6.17

杨仲乾(仲乾):**1871**.2.4,2.6;**1872**.6.12,9.4,11.2

杨子沐:**1871**.4.5,4.12,7.24

姚恩锡:**1872**.11.16

姚访原:**1872**.11.16

姚鸿杰（姚仲英）:**1874**.3.19,3.20

姚小浦:**1870**.7.23,7.24,7.28

姚循庵:**1870**.7.23

姚沄舫（姚雨香）:**1872**.11.16

叶宝树（叶晴轩、叶晋卿）:**1870**.12.10;**1871**.3.18

叶顾之:**1885**.12.18,12.31;**1886**.1.28,3.6

叶冠卿:**1870**.5.11,5.27,6.9,10.6,10.8,10.10

叶广全（叶游击）:**1871**.8.16;**1872**.10.13

叶介唐:**1871**.6.3

叶林:**1872**.10.13

叶亭　见王叶亭

叶医:**1871**.3.9,3.11,3.13,12.21

一张一王:**1871**.1.23

易小亭:**1871**.7.13

易昀黄（昀黄、昀）:**1870**.4.12,7.2,7.3,7.20,7.28,12.8,12.10;
　1871.1.2,1.5,1.7,1.10,1.14,1.19,1.20,1.28,2.4,2.11,2.13,
　2.15,2.16,2.18,2.26;3.5,3.22,3.28,4.4,4.9,4.11,4.13

易章玉（易汉乔）:**1870**.7.20

荫亭　见魏承樾

荫亭父子　见魏承樾、魏纶先

殷宣文（殷总戎）:**1870**.12.5

尹恭保（尹仰衡）:**1885**.12.5,12.10

应宝时（应敏斋）:**1871**.5.11-5.13

尤俊华:**1871**.4.28

游子岱:**1873**.1.4

幼荃　　见李昭庆

于石生：**1870**.4.5

余本愚（余观察）：**1872**.6.19

俞觐勋：**1871**.6.17，7.3

虞裳　　见杨宜治

雨帅　　见丁日昌

玉翠：**1870**.10.31

玉奎（奎）：**1870**.10.25，10.29，10.30，11.4

玉屏　　见曾玉屏

玉生　　见郑玉生

玉轩　　见郑藻如

喻觐勉：**1870**.12.14

沅甫　　见曾国荃

袁笃臣：**1871**.1.5，4.5；**1872**：1.5，1.8；2.23，9.8，10.18，11.25，12.28

袁辅卿（辅卿）：**1871**.7.3；**1872**.3.15，3.16

袁学（袁国祥、小亭）：**1886**.11.18

云峰　　见恩云峰

云晦如：**1871**.2.12

云舲、云林　　见贺宏勋

云乔　　见敖云乔

云卿　　见周云卿

云生　　见刘锡鸿

云筱：**1870**.11.4

昀、昀黄　　见易昀黄

恽祖贻（恽杏耘）：**1870**.8.12，8.15

Z

阜保(阜侍郎):**1870**.6.20

曾德麟(曾都戎):**1870**.12.5;**1871**.7.21

曾广熙(曾仰阶):**1871**.5.5,5.9,5.11

曾国葆(国葆):**1870**.11.25

曾国藩(曾国老、曾相、曾相国、曾相侯、曾中堂、曾侯、曾爵相、曾文
正、曾文正公、爵相、侯、侯相、中堂、湘乡公):**1870**.1.31,2.2,
2.14,3.4,3.16,4.2,4.10,5.3,5.11,5.14,5.16,5.18,5.20,5.22,
5.30,6.4,7.3,7.15,7.19,7.25,7.28,8.1,8.2,8.5,8.8-8.10,8.
14,8.16,8.19-8.24,8.26-8.31,9.7,9.8,9.11,9.13-9.16,9.18,
9.23,9.25-9.30,10.1,10.2,10.5,10.14-10.17,10.21,11.8,11.
12,11.25,11.27,11.30,12.1,12.4,12.6,12.7,12.13,12.14,12.
19,12.29,12.30;**1871**.1.4,1.12,1.13,1.19,1.26,2.15,2.17-2.
19,2.22,3.10,3.13,3.19,3.27,4.4,4.5,4.7,4.9,4.10,4.12,4.
14,4.15,4.19,4.20,5.15,5.19,6.1,6.20,7.3,7.13,7.17,9.8,9.
15,9.16,9.24-9.26,10.1,10.13,10.16,10.22,11.9,11.11,11.
20-11.23,11.28,12.11;**1872**. 1.2,1.14,2.1,2.5,2.19,3.13,3.
15,3.16,3.19,4.5,4.20,11.11;**1874**.3.20,3.21

曾国纲(曾善长):**1871**.3.17-3.19

曾国华(国华):**1870**.11.25

曾国潢(国潢):**1870**.11.25

曾国荃(国荃、沅甫):**1870**.11.25;**1885**.12.9

曾纪鸿(曾栗诚、栗诚):**1870**. 7.21,7.23,7.24,9.17,9.24,10.15,
10.16,11.27-11.29,12.1,12.3,12.4,12.10,12.20;**1871**.1.6,1.

8,3.11,3.13－3.16,3.18,3.26,4.3,4.5,4.13,4.14,6.8,9.11,
9.16

张树声(振轩):1870.5.21

张栓:1870.8.28

张苏拉:1870.7.24

张廷栋(张守备):1871.7.20,8.20;1872.10.13

张廷昭(揩笏):1870.3.3,3.18,3.19,4.6,4.12

张为章(张大令):1870.6.7

张惟俦(张子荣):1870.7.20

张新令:1870.2.25

张沄(张竹汀):1870.6.22,7.6,7.18

张兆栋(张漕台、张漕宪、张酉山、友山):1871.7.28,8.10,10.12

张振西:1871.8.8

张之洞(张香帅、张香涛、香帅、香涛):1885.12.9,12.13,12.17;
1886.3.1,3.4,8.29,8.30,8.31,11.22;1887.6.23

张之万(张子青):1871.4.24,5.15,11.10

张中丞:1871.8.21,8.23,11.20

章仪林(章秋亭):1874.3.19

章作堂:1872.2.15

召民　见黎兆棠

赵宝斋:1870.3.2,3.14,3.24,4.13

赵礼门:1870.2.28

赵烈文(赵惠甫):1870.2.13

赵文濂:1870.2.20,2.22

赵小山(赵君、小山、筱山):1870.10.16,10.23,10.24,10.29,10.30,

10.31,11.4

振轩　见张树声

郑敦谨(郑小山):**1870**.6.22,7.2;**1871**.3.19

郑金斗:**1872**.7.7

郑龙彪(郑卓生):**1871**. 1.4,3.3;**1872**.9.8

郑玉生(玉生):**1871**.4.30,5.23,8.27,8.28

郑藻如(郑玉轩、玉轩):**1872**.3.11,8.23,8.24,9.7,9.9,9.16

直夫　见李直夫

芷庵　见唐镜沅

制府　见何璟

质　见李朝斌

挚甫、挚　见吴汝纶

稚荃　见李凤章

中丞　见丁日昌

中堂　见曾国藩

钟素城:**1870**.2.22

仲弟:**1870**.12.12－12.14;**1871**.2.18,2.19,3.9,3.10,3.13,3.19,3.
　　31,4.1,4.11,4.21,6.7,6.8,6.13,6.14,7.16;**1872**.1.16,2.8,2.
　　9,2.23,6.3,8.28,9.17,11.28,12.4;**1874**.3.19,4.12

仲甫　见沈秉成

仲岐　见蔡希邠

仲乾　见杨仲乾

仲武　见莫绳孙

仲庠(程仲庠):**1870**.12.8

周、胡四子:**1870**.4.11

周、王、洪三将:**1870**.8.24

周八舅氏:**1886**.6.27

周和春:**1871**.5.5

周际文(际文):**1870**.2.5,2.23,3.26,5.26,7.14,7.28,9.1,9.28,10.15,10.21,11.20,11.25

周琳叔:**1870**.9.22

周迈云:**1871**.5.19

周庆恩(周云煦):**1870**.6.22

周荛山:**1870**.7.27

周寿昌(周荇农):**1870**.6.19,7.18

周锡三:**1872**.9.8

周馨澍:**1870**.6.30

周禹民:**1870**.7.18,7.21,7.28

周云卿(周医、云卿):**1886**.1.23-1.25,1.28,1.29,1.31,2.11

周沄樵:**1870**.6.30

周兆禧:**1871**.5.19

周至山:**1886**.6.14,6.15

朱淮祥(朱营官):**1886**.1.27

朱显庭(朱永发):**1871**.7.21

朱学勤(朱修伯):**1870**.12.30,12.31

朱怡轩:**1871**.8.4

竹儒、竹如　见冯峻光

竹吾　见李竹吾

竹斋　见沈瀛

竹椒　见顾济

祝寿仁：**1870**.4.2

庄故令：**1870**.2.26

卓寿朋(卓亭龄、卓廷龄)：**1871**.4.3,4.25,5.1

子偲　见莫友芝

子龄：**1870**.5.21

子梅、紫湄　见吴子梅

子熙　见苏元春

子颐　见龚子颐

子箴　见方濬颐

左楚英：**1870**.7.18,7.19,7.25

作梅　见陈鼐